Manuela Georgiakaki
Anja Schümann
Christiane Seuthe

A 2.2

Beste Freunde
DEUTSCH FÜR JUGENDLICHE

Deutsch als Fremdsprache
Arbeitsbuch

Hueber Verlag

Audio-CD zum Arbeitsbuch:
Audio-Produktion: Tonstudio Langer, Ismaning
Sprecher: Melina Cosentino, Jaël Kahlenberg, Oscar Andersson,
Anna Pichler, Emil Rebhan, Noa Soffner, Dascha Poisel, Jakob Riedl

Beratung:
PD Dr. habil. Marion Grein, Johannes Gutenberg-Universität Mainz

 Die Audio-Dateien finden Sie in der *Hueber Media*-App und unter:
www.hueber.de/beste-freunde

5. 4. 3.   Die letzten Ziffern
2026 25 24 23 22   bezeichnen Zahl und Jahr des Druckes.
Alle Drucke dieser Auflage können, da unverändert,
nebeneinander benutzt werden.
1. Auflage
© 2015 Hueber Verlag GmbH & Co. KG, München, Deutschland
Umschlaggestaltung: Sieveking · Agentur für Kommunikation, München
Layout und Satz: Sieveking · Agentur für Kommunikation, München
Verlagsredaktion: Julia Guess, Anna Hila, Silke Hilpert
Hueber Verlag, München
Druck und Bindung: Westermann Druck GmbH, Braunschweig
Printed in Germany
ISBN 978–3–19–601052–7

Art. 530_26212_001_03

1. In jeder Lektion

Übungen zu Wortschatz und Kommunikation

Grammatik selbst entdecken

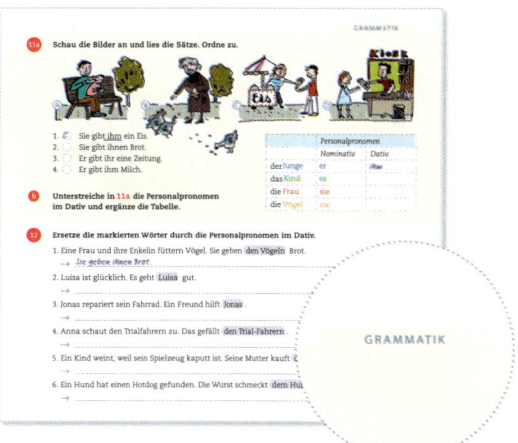

Texte schreiben lernen

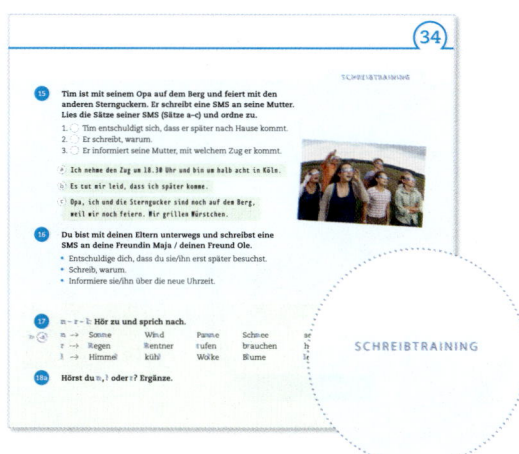

Aussprache gezielt üben

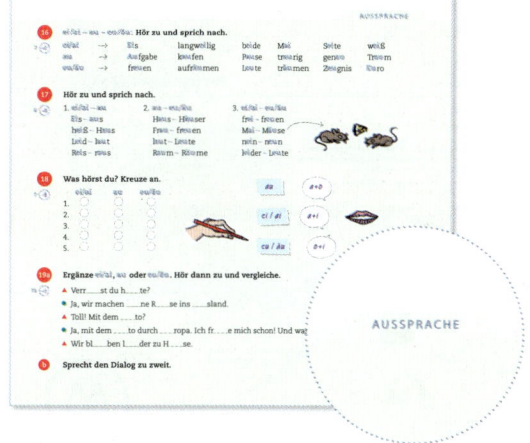

Lernwortschatz-Seiten

Lernwort   Übersetzung   Beispielsatz

Hinweise zum Lernwortschatz

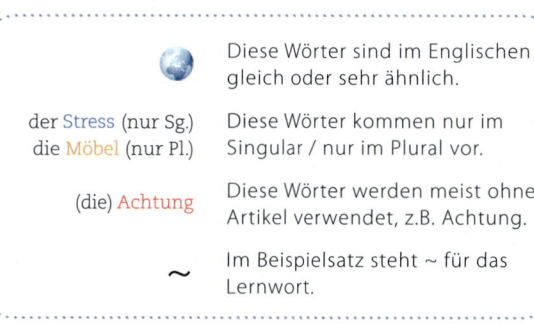

🌐	Diese Wörter sind im Englischen gleich oder sehr ähnlich.
der Stress (nur Sg.) die Möbel (nur Pl.)	Diese Wörter kommen nur im Singular / nur im Plural vor.
(die) Achtung	Diese Wörter werden meist ohne Artikel verwendet, z.B. Achtung.
~	Im Beispielsatz steht ~ für das Lernwort.

Wegweiser

2. Nach jedem Modul

Training: Lesen, Hören, Sprechen und Schreiben

Lernfortschritte überprüfen

3. Im Anhang

Partnerübungen zum Kursbuch

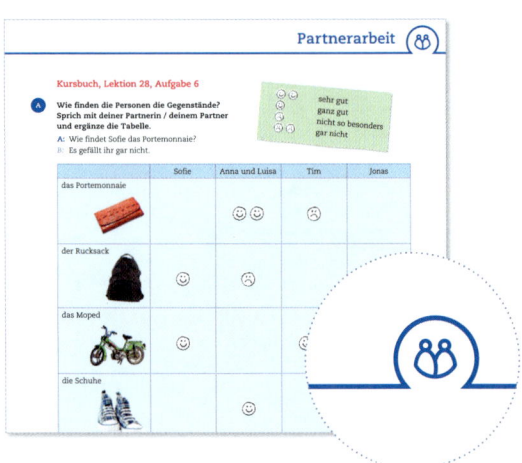

alle Hörtexte zur Aussprache und zum Fertigkeitentraining auf Audio-CD oder über die App abrufbar

Piktogramme und Symbole

↓   **NACH AUFGABE 3** |
     Übung passend nach Aufgabe 3 im Kursbuch

2 "))   Übungen mit Hörtext – auf Audio-CD oder über die App abrufbar

    Übungen zur Wortbildung

+   Übungen für Kurse mit mehr Wochenstunden

    Schreibübungen für das persönliche Dossier der Lernenden

Lerntipps   *Lern die Verben mit Dativ auswendig: z.B. gehören + Dativ.*

Wiederholung von Lernstoff   ↻ *Erinnerst du dich?*

Hinweise zum Sprachvergleich   *Mit ich hätte gern und ich möchte bitte kannst du etwas höflich sagen. Wie sagst du das in deiner Sprache?*

Inhalt

Jonas' Lieblingsort

1 **Was machen die Leute? Schreib die Wörter richtig und ergänze.**

Ⓐ _____
(DEFREUN ENTREFF)

Ⓑ _____
(DENRE)

Ⓒ _____
(ßENDRAU ENSITZ)

2a **Ordne die Ausdrücke.**

~~nie~~ × täglich × manchmal × fast jeden Tag

_____ > _____ > _____ > *nie*

b **Beantworte die Fragen.**

> Erinnerst du dich? So kannst du auch sagen: *einmal/zweimal/… pro Tag/Woche/Monat/Jahr …*

1. Wie oft hast du Deutsch? *Ich habe* _____

2. Wie oft machst du Sport? _____

3. Wie oft hast du Ferien? _____

3 **Was passt? Ergänze in der richtigen Form.**

Reporter × Tochter × zuschauen × ~~wählen~~ × Ort × gefährlich × Kinder

1. ▼ Wir *haben* _____ gestern in Deutsch unser Lieblingswort *gewählt* _____.

   ● Und? ▼ „Kartoffel" hat gewonnen!

2. ◆ Ist das Ihre _____, Frau Lehmann? Sie ist aber schon sehr groß.

3. ■ Warum darf ich denn den Film nicht sehen, Mama?

   ▼ Du bist erst acht und der Film ist nichts für _____.

4. ● Was ist denn dein Vater von Beruf? ◆ Er ist _____ bei einer Zeitung.

5. ◆ Wir gehen am Samstag in die Skatehalle. ■ Ach, super! Mein kleiner Bruder liebt

   diesen _____. Er kann schon richtig gut skaten. Und meine Eltern

   _____ uns dann immer _____.

6. ▲ Möchtest du mal Bungee-Jumping machen?

   ● Oh nein! Das finde ich zu _____.

4a Lies die Dialoge und ordne die Bilder zu.

1. Ⓒ ● Wie war's in den Ferien? Wart ihr weg?
   ▼ Ja, wir waren im Schwarzwald, auf einem Pferdehof. <u>Dieses Foto</u> gefällt mir besonders gut: die Pferde, direkt vor meinem Fenster.

2. ◯ ● Bist du viel geritten?
   ▼ Klar, jeden Tag, am Vormittag und am Nachmittag. Diese Frau hier war meine Reitlehrerin.

3. ◯ ● Und was gibt es sonst so im Schwarzwald?
   ▼ Na ja, viel Natur: Berge, Wälder, Seen. Dieser See zum Beispiel war ganz in der Nähe. Manchmal sind wir am Nachmittag dort geschwommen.

4. ◯ ● Und was ist das? Zeig mal.
   ▼ Ach, das sind „Bollenhüte". Diese Hüte sind typisch im Schwarzwald.

Demonstrativartikel dies-	
Nominativ	
	See
dieses	Foto
	Frau
	Hüte

b Unterstreiche in **4a** *dies-* und die Nomen und ergänze die Tabelle.

5 Ergänze *dies-* in der richtigen Form.

1. ■ Kennst du <u>diese</u> Lehrerin? ▼ Nein. Vielleicht ist sie neu.

2. ◆ Puh, _____ Englisch-Test ist aber schwierig.
   ▲ Stimmt. Finde ich auch.

3. ▼ Was liest du denn da? Ist _____ Buch gut?
   ● Oh, ja! Möchtest du es auch lesen?

4. ● Schau mal, da im Café. Ist das nicht Herr Wagner?
   ◆ Nein. ● Aber mit _____ Brille sieht der Mann genauso aus wie Herr Wagner.

5. ▲ Wer sind denn _____ Leute? Was wollen sie hier?
   ■ Das sind doch unsere Nachbarn, Oma.

6. ■ Hm, hast du _____ Schokoladenkuchen gebacken? Der ist ja lecker.

7. ● Was ist denn in _____ Schrank? ▼ Sei doch nicht so neugierig.

8. ■ Wie oft hast du denn Training? ● _____ Woche habe ich nur einmal Training, aber nächste Woche habe ich zweimal, wie immer.

Denk an den bestimmten Artikel, dann weißt du auch die Endungen beim Demonstrativartikel:

der	→	*dieser*
das	→	*dieses*
die	→	*diese*
den (Akk.)	→	*diesen*
dem (Dat.)	→	*diesem*

↓ NACH AUFGABE 3

6 **Was passt? Ergänze.**

> Das macht doch nichts. ✕ Ach so. Da hast du natürlich recht. ✕ Stört dich das?

1. ▲ Oh, Entschuldigung. Ich habe deinen Bleistift kaputt gemacht. Das tut mir leid.

   ■ _____. Ich habe ja noch mehr.

2. ◆ Hörst du bei den Hausaufgaben immer Musik? ● Ja. Warum? _____

   ◆ Na ja. Ein bisschen schon.

3. ● Du triffst dich jetzt mit deinen Freunden? Aber du hast doch noch mehr Hausaufgaben auf, oder?

   ▼ Ach, Mama. Ich brauche eine Pause! Wir gehen Fußball spielen. Nach dem Sport kann man

   viel besser lernen.

   ● _____

↓ NACH AUFGABE 4

7 **Was ist richtig? Unterstreiche.**

1. Der Turm ist hoch / teuer .

2. Der Hamburger schmeckt lecker / blond .

3. Die Kirche ist sensibel / alt .

4. Der Kölner Dom ist berühmt / lecker .

↓ NACH AUFGABE 5

8 **Was passt nicht? Streiche durch.**

1. der Vogel — der Hund — die Enkelin — das Pferd

2. die Bank — der Stuhl — der Sessel — der Turm

3. der Sohn — der Unfall — die Tochter — die Enkelin

4. die Zeitung — der Mann — die Frau — das Kind

5. das Moped — das Fahrrad — die Straßenbahn — der Flughafen

6. der Quatsch — das Spielzeug — der Ball — die Spielekonsole

9 **Was ist passiert? Schreib eine Geschichte in dein Heft und benutze diese Wörter.**

sich verletzen   weinen   Unfall   trösten   kaputt   tut weh

10a Was passt zusammen? Ergänze.

springen × schimpfen × füttern × fahren × ~~stehlen~~

1. ein Portemonnaie _stehlen_   3. hoch _____   5. einen Vogel _____
2. mit einem Moped _____   4. laut _____

b Schreib Sätze im Perfekt mit den Verben aus **10a** in dein Heft.

ist gesprungen × hat gestohlen × ist gefahren × hat gefüttert × hat geschimpft

Die Sportlerin ist leider nicht so hoch ...

GRAMMATIK

11a Schau die Bilder an und lies die Sätze. Ordne zu.

1. Ⓒ Sie gibt ihm ein Eis.
2. ◯ Sie gibt ihnen Brot.
3. ◯ Er gibt ihr eine Zeitung.
4. ◯ Er gibt ihm Milch.

	Personalpronomen	
	Nominativ	Dativ
der Junge	er	_ihm_
das Kind	es	
die Frau	sie	
die Vögel	sie	

b Unterstreiche in **11a** die Personalpronomen im Dativ und ergänze die Tabelle.

12 Ersetze die markierten Wörter durch die Personalpronomen im Dativ.

1. Eine Frau und ihre Enkelin füttern Vögel. Sie geben [den Vögeln] Brot.
   → _Sie geben ihnen Brot._

2. Luisa ist glücklich. Es geht [Luisa] gut.
   → _____

3. Jonas repariert sein Fahrrad. Ein Freund hilft [Jonas].
   → _____

4. Anna schaut den Trialfahrern zu. Das gefällt [den Trial-Fahrern].
   → _____

5. Ein Kind weint, weil sein Spielzeug kaputt ist. Seine Mutter kauft [dem Kind] ein Eis.
   → _____

6. Ein Hund hat einen Hotdog gefunden. Die Wurst schmeckt [dem Hund] besonders gut.
   → _____

13 **In welches Tor muss der Ball? Verbinde.**

(+)

1. ◆ Wo ist denn Mario?

   ▲ Er kommt heute nicht. Es [Tor] geht [Tor] nicht gut, er hat Kopfschmerzen. ⚽ ihm

2. ■ Wie [Tor] gefällt [Tor] mein Rock? ● Na ja, ist er nicht ein bisschen kurz? ⚽ dir

3. ▼ Ich gehe zum Kiosk. ◆ Oh, super! Bringst [Tor] du [Tor] ein Eis mit? ⚽ uns

4. ● Ich verstehe die Mathe-Aufgabe einfach nicht. ▲ Ja, stimmt. Sie ist so schwer!

   ■ Findet ihr wirklich? Soll ich [Tor] helfen [Tor] ? ⚽ euch

5. ◆ Wo ist denn das Einstein-Gymnasium? Kannst du [Tor] den Weg zeigen [Tor] ? ⚽ mir

   ● Ja, klar, du gehst an der Kreuzung nach rechts. Dann siehst du die Schule schon.

6. ■ Fehlen [Tor] deine Freunde aus München [Tor] ? ⚽ dir

   ◆ Na ja, am Anfang war es schwer, aber jetzt habe ich viele Freunde hier in Köln.

(↓) NACH AUFGABE 8 ▌

GRAMMATIK

14a **Was fragt Anna? Was anworten die Personen? Ergänze.**

mir ✕ dir ✕ ~~uns~~ ✕ uns ✕ euch ✕ ~~Ihnen~~ ✕ Ihnen

> Lern die Verben mit Dativ auswendig: z.B. *gehören* + Dativ.

① Entschuldigung, gehört das Handy vielleicht *Ihnen* ?

② Nein, das Handy gehört *uns* nicht.

③ Entschuldigung, gehört das Handy .... ?

④ Nein, das Handy gehört .... nicht.

⑤ Entschuldigung, gehört das Handy vielleicht .... ?

⑥ Nein, das Handy gehört .... nicht.

⑦ Entschuldigung, gehört .... das Handy?

⑧ Ach je! Ja! Das ist mein Handy! Vielen Dank!

b Lies die Sätze in **14a** noch einmal. Was ist richtig? Unterstreiche.

Personalpronomen Sie im Dativ

Bei *Sie* heißt die Höflichkeitsform im Dativ ihnen / Ihnen . So kann man eine oder mehrere Personen höflich ansprechen. Die Höflichkeitsform schreibt man immer groß / klein .

15 Ergänze die Personalpronomen im Dativ.

1. ● Der Mantel gehört nicht _Ihnen_, Herr Junker. Ich glaube, das ist mein Mantel.

2. ◆ Meinst du, Lisa trinkt gern Apfelsaft? ▲ Nein, Apfelsaft schmeckt _____ nicht.

3. ▼ Wem gehört denn diese CD? ◆ _____ natürlich. Wir haben sie doch letztes Jahr zu Weihnachten bekommen. Hast du das schon vergessen?

4. ■ Gefällt _____ dieses Lied nicht, Florian? ◆ Doch, es gefällt _____ sehr gut.

5. ▲ Wie geht es _____ heute, Frau Meier? Besser? ● Na ja, es geht. Danke.

6. ● Marlene und Jan haben Probleme mit den Physik-Hausaufgaben. Kannst du _____ die Aufgabe erklären? ▼ Nein, jetzt nicht. Ich habe gerade keine Zeit. Später gern.

7. ◆ Schaut mal, ich habe Geld gefunden. Gehört es _____? ▼ Nein, leider nicht.

8. ● Wer hat denn das Spielzeug vergessen? ■ Frag doch mal das Kind da. Sicher gehört es _____.

AUSSPRACHE

16 **h: Hör zu und sprich nach.**

🔊 1

h [wie h] →	Hund	helfen	hoch	Himmel	hässlich	Handy
h [wie h] →	ge|habt	ge|holfen	ge|heißen	ge|hört	ge|hängt	ge|hasst
h [wie –] →	gefährlich	Lehrerin	Sohn	mehr	fahren	Stuhl

17 **Hör zu und sprich nach.**

🔊 2

1. **H**und – und   5. **h**alt – alt
2. **H**aus – aus   6. **H**ände – Ende
3. **h**offen – offen   7. **h**offt – oft
4. **h**ier – ihr   8. **h**eiß – Eis

Hund

und

18 **Hörst du h [wie h] oder h [wie –]? Hör zu, sprich nach und kreuze an.**

🔊 3

	h [wie h]	h [wie –]		h [wie h]	h [wie –]
1. wohnen	○	○	6. gehen	○	○
2. Sporthalle	○	○	7. Fehler	○	○
3. zu Hause	○	○	8. herzlich	○	○
4. Jahre	○	○	9. heißen	○	○
5. abholen	○	○	10. aufstehen	○	○

19 **Zungenbrecher: Hör zu und sprich nach.**

🔊 4

Hundert hässliche Herren in Hemd, Hose und Hut mit Handy in der Hand stehen hier in einem hübschen Hamburger Hotel und haben Hunger.

Das sind deine Wörter!

der Ort, -e
     ▼ Was ist dein Lieblings~?
     ● Das Rheinufer.

das Ufer, -
     Der Lieblingsort der Kölner ist das Rhein~.

wählen
     Die Leute in Köln ~ das Rheinufer als Lieblingsort.

🌐 der Reporter, -
     Der ~ macht ein Interview mit Jonas.

✂ zu|schauen + *Dativ*
     Anna ~ den Trial-Fahrern am Rheinufer ~.

täglich
     = jeden Tag

fast
     täglich > ~ jeden Tag > manchmal > nie

das Kind, -er
     Das ~ spielt auf dem Spielplatz.

dieser / dieses / diese / diese
     ■ Mein Lieblingsort ist ein Platz. ~ Platz heißt Marienplatz.

sitzen (du sitzt, hat gesessen)
     ▼ Dieses Café ist mein Lieblingsort, weil ich dort draußen ~ kann.

der Trial-Fahrer, -

gefährlich
     ◆ Möchtest du mal Bungee-Jumping machen?
     ■ Nein! Das ist viel zu ~.

Das macht doch nichts.
     ▼ Entschuldige bitte, dass ich zu spät bin. ● ~

🌐 der Tourist, -en / die Touristin, -nen

der Dom, -e
     Der Kölner ~ ist eine Kirche.

berühmt
     Viele Menschen kennen den Kölner Dom. Er ist ~.

hoch
     Der Kölner Dom ist über 150 Meter ~.

der Turm, ⸚e

🌐 der Hamburger, -
     ◆ Komm, wir essen einen ~!
     ▲ Ach nein, ich mag lieber Würstchen.

weinen

trösten
     Die Mutter ~ ihren Sohn, weil er weint.

das Spielzeug, -e
     ▼ Warum weint das Kind?
     ◆ Sein ~ ist kaputt.

die Bank, ¨e

....

Ein Mann sitzt im Park auf einer ~ und liest Zeitung.

joggen

....

sich verletzen
(du verlet**z**t dich)

....

Der Junge hatte einen Unfall und ~ ~ ~. *(Perfekt)*

der Sohn, ¨e / die Tochter, ¨

....

Die Frau hat zwei Kinder: ihren ~ Felix und ihre ~ Mia.

der Enkel, - / die Enkelin, -nen

....

Eine alte Frau und ihre ~ füttern im Park Vögel.

der Vogel, ¨

....

Das Kind füttert die ~ im Park.

das Moped, -s

....

schimpfen

....

Jemand fährt mit dem Moped durch den Park. Eine Frau ärgert sich und ~.

springen (ist ge**sprungen**)

....

Ein Junge ~ mit dem Fahrrad über die Bank.

stehlen
(du st**ie**hlst, er/es/sie st**ie**hlt, hat ge**stohlen**)

das Portemonnaie, -s

....

◆ Oh nein! Jemand hat mein ~ gestohlen. Jetzt ist mein Geld weg.

zurück|geben
(du g**i**bst zurück, er/es/sie g**i**bt zurück, hat zurück**gegeben**)

....

▲ Hilfe! ~ Sie mir sofort mein Portmonnaie ~!!

gehören + *Dativ*

....

Entschuldigung, ~ das Handy vielleicht Ihnen?

Nein, das Handy ~ uns nicht.

es geht (nicht) gut + *Dativ*

....

▼ Wie ~ ~ dir?
● Nicht so gut. Ich habe Kopfschmerzen.

ihm / ihm / ihr / ihnen

....

◆ Gib den Vögeln Brot. Das schmeckt ~.
■ Ach nein, ich gebe das Brot der Katze. Das schmeckt ~ bestimmt besser.

Ihnen *(Höflichkeitsform)*

....

● Frau Müller, gehört das Handy ~?
▼ Nein, das Handy gehört mir nicht.

Jonas

Ist die blaue Hose nicht toll?

↓ NACH AUFGABE 3

1 **Was ist richtig? Unterstreiche.**

1. ▼ Die Party ist ja total langweilig. Komm, wir gehen weg / fangen an . ● Ja, okay.

2. ■ Lest die Fragen in der Aufgabe und hört das Getränk / Gespräch .

3. ▲ Was ist los? Bist du sauer? ● Ja klar! Du, ich warte hier schon eine halbe Stunde / um halb fünf !

4. ● Au, das war mein Fuß! ▼ Oh, entschuldige / komm bitte! Habe ich dir wehgetan?

2 **Was passt? Kreuze an.**

1. ◆ Oh, du lernst gerade. Entschuldige, dass ich dich störe!
   ⓐ ▲ Gute Besserung.　ⓑ ▲ Kein Problem.　ⓒ ▲ Ja, gern!

2. ● Tut mir echt leid, dass ich nicht gekommen bin. Ich habe vergessen, dass wir verabredet waren.
   ⓐ ◆ Das finde ich nicht so toll!　ⓑ ◆ Ja, gern.　ⓒ ◆ Keine Ahnung.

3. ■ Entschuldigung, dass ich dich gestern nicht angerufen habe. Ich hatte keine Zeit.
   ⓐ ▼ Bis gleich.　ⓑ ▼ Viel Glück.　ⓒ ▼ Schon okay.

4. ▼ Entschuldigt, dass ich so spät komme. Ich habe noch mit Clara telefoniert.
   ⓐ ● Bis bald.　ⓑ ● Das macht nichts.　ⓒ ● Lieber nicht.

↓ NACH AUFGABE 5

3a **Was passt nicht? Streiche durch.**

1. Orangensaft — Eiskaffee — Zitronenlimonade — ~~Kaffeeeis~~

2. Mangoeis — Eistee — Ananaseis — Schokoladeneis

3. Apfeltee — Bananenmilch — Apfelkuchen — Orangenlimonade

4. Zitronentorte — Erdbeertorte — Bananeneis — Apfelkuchen

das Kaffeeeis　*der Eiskaffee*

Der *zweite* Teil des Wortes ist wichtig für die Bedeutung und den Artikel.

b **Schreib zusammengesetzte Nomen in dein Heft. Schreib auch den Artikel.**

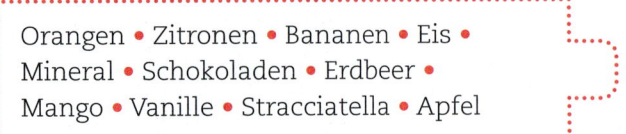

Orangen • Zitronen • Bananen • Eis •
Mineral • Schokoladen • Erdbeer •
Mango • Vanille • Stracciatella • Apfel

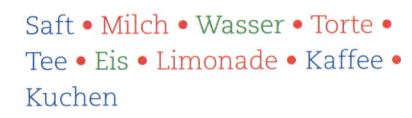

Saft • Milch • Wasser • Torte •
Tee • Eis • Limonade • Kaffee •
Kuchen

Eis	Getränke	Torten / Kuchen
das Vanilleeis, …	der Eistee, …	…

c **Was magst du? Was magst du nicht?**
Schreib Sätze mit den Nomen aus 3b in dein Heft.

☹ Ich mag keinen Eistee, …
☺ Aber ich esse gern Vanilleeis, …

4a Du möchtest im Café bestellen. Was sagst du? Was sagt der Kellner? Kreuze an.

(Du) (Kellner)

1. Ich hätte gern ein Stück Erdbeertorte.   ○ ○
2. Ich möchte ein Stück Apfelkuchen.   ○ ○
3. Kommt sofort.   ○ ○
4. Wir hätten gern zweimal Eisschokolade.   ○ ○
5. Wir möchten bestellen, bitte.   ○ ○
6. Einmal Erdbeertorte? Ja, gern.   ○ ○
7. Ich nehme einen Eistee, bitte.   ○ ○
8. Meine Freundin hätte gern ein Vanilleeis.   ○ ○

b Unterstreiche in **4a** die Formen von *hätte-* und ergänze die Tabelle.

Konjunktiv II: haben			
ich		wir	
du	*hättest*	ihr	*hättet*
er/es/sie		sie/Sie	*hätten*

> Der Konjunktiv II von *haben* ist wie das Präteritum. Du musst nur das *a* durch ein *ä* ersetzen: *ich hatte – ich hätte*

5 Ergänze den Konjunktiv II von *haben* in der richtigen Form.

1. ◆ Komm, wir essen ein Eis. Was _____ du denn gern?

   ▲ Erdbeereis. Das ist mein Lieblingseis.

2. ■ Wir _____ gern zwei Mineralwasser. ● Kommt sofort.

3. ▼ Guten Tag. Ich _____ gern vier Brötchen. ◆ Gern!

6 Passt das zu *höflich* oder *unhöflich*? Ordne zu.

ich möchte bitte ✕ ich will ✕ ich hätte gern

höflich	**unhöflich**

> Mit *ich hätte gern* und *ich möchte bitte* kannst du etwas höflich sagen. Wie sagst du das in deiner Sprache?

7 Schau das Bild an und schreib einen Dialog in dein Heft. Lies dafür auch noch einmal den Dialog im Kursbuch (Seite 13, Aufgabe **4b**).

▲ *Können wir bestellen, bitte?*
● ...

↓ NACH AUFGABE 6

8 **Was passt?**
Ergänze.

eng ✕ ~~X-Beine~~ ✕ Prospekt ✕ Geschäft ✕ mitgehen ✕ O-Beine ✕ weit

1. ▲ Ich finde, der Cowboy sieht echt witzig aus.   ● Ja, stimmt, besonders seine *X-Beine* .

   ▲ Was? Er hat doch _____! Hier, schau doch mal!

2. ◆ Ich möchte mir ein paar Sachen kaufen, Hosen und T-Shirts und so.

   ■ Geh doch mal in das _____ in der Kantstraße. Da gibt es

   super Sachen. Wir haben auch einen _____ zu Hause.

   ◆ Oh, den möchte ich gern sehen. Bringst du ihn mir mal mit?

3. ● Schau mal, Mama, das T-Shirt ist super, nicht?   ▼ Hm, ist das ein T-Shirt für zwei Personen?

   Es ist ja total _____.   ● Ach Mama! Wie findest du denn die Hose? Sieht sie nicht

   gut aus?   ▼ Ich glaube, du brauchst sie etwas weiter, ich finde sie sehr _____.

   ● Du verstehst das nicht, Mama: Die Hose und das T-Shirt müssen so sein!   ▼ Also, das nächste

   Mal _____ besser deine Freundin _____ und du kaufst mit ihr ein.

↓ NACH AUFGABE 8

9a **Finde noch 14 Kleidungsstücke.**

A	N	H	O	S	E	S	M	A	N	T	E	L	M	J	L	W
P	S	W	E	A	T	S	H	I	R	T	F	U	M	A	A	N
R	C	H	A	Z	B	E	N	T	P	L	I	V	S	C	H	L
K	H	O	G	Ü	R	T	E	L	E	N	M	L	A	K	K	E
I	A	P	P	E	L	T	I	E	S	T	I	E	F	E	L	K
B	L	U	S	E	V	I	E	S	C	H	E	G	A	W	E	N
W	U	G	M	Ü	T	Z	E	L	H	A	U	G	H	O	N	J
E	C	H	L	I	E	Z	R	A	U	K	L	I	T	P	T	E
L	H	E	M	D	U	N	T	M	H	I	T	N	N	H	A	A
I	B	L	E	P	M	S	T	U	E	F	R	G	L	U	H	N
Z	E	N	M	R	O	C	K	R	E	T	R	S	C	T	P	S

b **Ordne die Kleidungsstücke aus 9a den passenden Körperteilen zu. Schreib**
die Wörter mit Artikel. Verwende die Wörter immer nur einmal.

Kopf _____

Hals _____

Arme _____

Bauch _____

Beine *die Hose* _____

Füße _____

NACH AUFGABE 9

10 **Ergänze.**

bunt ✕ schwarz ✕ kariert ✕ weiß ✕ ~~gestreift~~

 1. *gestreift*  3. _____  5. _____

 2. _____ _____ 4. _____

GRAMMATIK

11a **Lies den Dialog und unterstreiche alle Adjektive. Lies dann die Regel. Was ist richtig? Unterstreiche.**

◆ Schau mal, Selina, der <u>gestreifte</u> Gürtel ist doch <u>cool</u>, oder?

▼ Ja, aber die bunten Leggings gefallen mir auch.

◆ Was kostet denn die lustige Mütze da?

▼ Warte mal, hier steht 3 €. Das finde ich nicht teuer.

◆ Ja, das geht. Hier, schau mal, das schwarze Kleid ist ja total kurz!

▼ Wow, ich finde es toll!

> Das Adjektiv steht direkt vor einem Nomen. → Es hat eine / keine Endung.
>
> Das Adjektiv steht nicht direkt vor einem Nomen. → Es hat eine / keine Endung.

b **Schreib die Adjektive aus 11a in die Tabelle. Schreib die Adjektivendungen in den Artikelfarben. Ergänze dann die Regel.**

bestimmter Artikel + Adjektiv im Nominativ	
der *gestreifte*	Gürtel
das _____	Kleid
die _____	Mütze
die _____	Leggings

> Wenn das Adjektiv zwischen dem bestimmten Artikel und dem Nomen steht, dann bekommt es im Nominativ Singular die Endung -_____ und im Plural die Endung -_____.
>
> (!) *teuer: der teure Hut, die teuren Stiefel*

12 **Ergänze die Adjektivendungen, wo nötig.**

● Hey, was machst du? Dein Zimmer ist doch schön / (1) so.

■ Ach nein, ich möchte es lieber anders haben: Der klein*e* (2) Tisch steht besser vor dem Bett und die groß_____ (3) Lampe kommt hier in die Ecke. Aber der alt_____ (4) Teppich kommt weg, ich finde ihn schrecklich_____ (5). Der schwarz_____ (6) Sessel soll da in die Ecke neben die Lampe und der teur_____ (7) Laptop steht jetzt im Schrank.

● Und was machst du mit den Postern? Sie sind echt cool_____ (8).

■ Hm, die cool_____ (9) Poster bleiben hier an der Wand.

13 Was gefällt dir besonders in deiner Stadt? Was gefällt dir überhaupt nicht? Schreib in dein Heft.

modern • interessant • groß • klein • schön • alt • hässlich • lustig • cool • toll • elegant • eng • teuer • sauber • ruhig • laut • ...

☺☺ *Mir gefallen besonders die tollen Geschäfte, der schöne Park, ... und ...*
☹☹ *Das teure Café am Bahnhof, das alte Stadion, ... und ... gefallen mir überhaupt nicht.*

↓ NACH AUFGABE 12 ▌

GRAMMATIK

14a Schau das Bild an und lies die Sprechblase. Wer sagt das? Kreuze an.

○ die Lehrerin
○ der Jugendliche

> Warten Sie bitte! Fangen Sie noch nicht an, ich finde meinen Stift nicht!

b Unterstreiche in **14a** den Imperativ wie im Beispiel. Ergänze dann die Regel.

Imperativ in der Sie-Form

Sie warten.	→	*Warten Sie!*
Sie fangen noch nicht an.	→	_____!
(!) Sie sind ...	→	Seien Sie ...!

Beim Imperativ in der Sie-Form steht das *Sie* nach dem konjugierten Verb. Bei trennbaren Verben steht Verbteil 2 am Ende.

15 Was sagen die Schüler? Ergänze die Verben im Imperativ.

aufpassen ✕ geben ✕ sein ✕ machen ✕ ~~probieren~~

1. ● Ich habe den Kuchen selbst gebacken. _Probieren Sie_ doch ein Stück!
2. ▲ Ihre Tasche ist offen. _____ vorsichtig, Herr Beck!
3. ■ _____ bitte _____, Herr Beck, der Stuhl ist kaputt!
4. ◆ Ich kann diese Vokabeln einfach nicht lernen. Was kann ich tun? Bitte _____ mir einen Tipp!
5. ● Dürfen wir uns etwas wünschen? Bitte _____ keine Vokabeltests mehr!

16 Ergänze die Sätze mit den passenden Verben im Imperativ. Benutze *bitte* und *doch mal*.

lesen ✕ erzählen ✕ aufpassen ✕ ~~helfen~~

1. ◆ Papa, ich kann die Datei nicht herunterladen. _Hilf mir bitte_ !
2. ▲ _____ bitte _____ , ihr zwei, die Pizza ist total heiß!
3. ■ Svens Blog kennst du nicht, oder? Er ist richtig gut. _____ ihn _____ !
4. ● Wie war denn Ihre Reise, Herr Gruber? _____ !

↓ NACH AUFGABE 13 ▎

17 Felix hat eine E-Mail an den Psychologen einer Jugendzeitschrift geschrieben. Ordne die Textteile.

○ Ich habe auch ein Smartphone, aber ich muss nicht immer chatten. Ich möchte so gern, dass meine Freunde und ich wieder mehr zusammen machen und reden, wie früher. Was kann ich tun?

○ Bitte geben Sie mir einen Tipp! Antworten Sie bald!

○ Gestern waren wir zum Beispiel auf unserem Lieblingsplatz, aber jeder hat allein gesessen und wir haben nur ganz wenig geredet. Alle haben nur geschrieben oder Fotos geschickt.

① Lieber Herr Dr. März,

○ ich treffe mich oft mit meinen Freunden und wir hatten immer viel Spaß zusammen. Aber jetzt sitzen alle immer nur vor ihren Smartphones und chatten. Ich finde das total doof.

○ Vielen Dank und viele Grüße
Felix S., Dresden

18a Lies die Kärtchen und wähle eine Situation.

Ⓐ Deine Schwester / Dein Bruder ist jünger als du, aber deine Eltern erlauben ihr/ihm genauso viel wie dir.

Ⓑ Du bekommst viel weniger Taschengeld als deine Freunde.

b Schreib dann eine E-Mail an Herrn Dr. März in dein Heft. Schreib zu den Punkten 1–4 jeweils ein bis zwei Sätze. Vergiss auch nicht die Anrede und den Schluss.

1. Erzähle: Was ist dein Problem?
2. Gib auch Beispiele.
3. Was möchtest du?
4. Schreib auch höflich, dass du Tipps brauchst und bald eine Antwort möchtest.

19 Wortakzent bei Abkürzungen: Hör zu, klopf mit und sprich nach.

5))

1. ●●⬤ DVD
2. ●●⬤ BMW
3. ●●⬤ SMS
4. ●●⬤ MP3
5. ●●⬤ GPS
6. ●●⬤ USA
7. ●●⬤ WWW
8. ●●⬤ USB
9. ●●⬤ ABC
10. ●⬤ VW
11. ●⬤ AG
12. ●⬤ CD

Bei Abkürzungen liegt der Wortakzent auf dem letzten Buchstaben: DV**D**

20 Hör zu und sprich mit.

6))

BMW und VW ist mein ABC.
GPS, MP3 und ich fühl mich frei.
WWW, USB, in der Medien-AG,
ja, ich hör und seh' DVD und CD.
SMS, USA, ist jetzt alles klar?

 Das sind deine Wörter!

eine halbe Stunde	....	= 30 Minuten
entschuldigen	....	*Jonas:* ~, dass ich so spät komme. *Anna:* Das macht nichts.
das Gespräch, -e	....	Anna und Jonas sprechen im Eiscafé. Das ~ ist total interessant.
✂ weg|gehen (ist weggegangen)	....	Jonas kommt zu spät zum Eiscafé. Anna ist sauer und ~ ~.

Eis und Eisgetränke

die Kugel, -n ....

(!) *die Erdbeere → das Erdbeereis*

Vanille (nur Sg.)   Stracciatella (nur Sg.)   Erdbeere (nur Sg.)

die Eisschokolade, -n   der Eiskaffee, -s

Torten und Kuchen

der Apfelkuchen, -   die Schokoladentorte, -n

Du kannst ganz leicht neue
Wörter bilden, zum Beispiel:
Mango + Torte = die Mangotorte

das Stück, -e	....	■ Ich hätte gern ein ~ Schokoladenkuchen.
sofort	....	♦ Ich hätte gern zwei Kugeln Erdbeereis. ▲ Kommt ~.
höflich	....	↔ unhöflich
ich hätte gern (du hättest, er/es/sie hätte)	....	● Guten Tag! ~ eine Cola. ◆ Kommt sofort!

Mit *ich hätte gern* kannst du Wünsche
und Bitten höflicher machen.

nehmen (du nimmst, er/es/sie nimmt, hat genommen)	....	▼ Ich hätte gern eine Kugel Erdbeereis. Und du? ● Ich ~ eine Eisschokolade.
O-Beine haben / X-Beine haben	....	
eng	....	◆ Das T-Shirt passt mir nicht. Es ist zu ~. ● Hm, oder vielleicht bist du zu dick? ☺
weit	....	↔ eng

das Geschäft, -e .... ▼ Wo hast du diese Hose gekauft?
■ In einem ~ am Neumarkt.

✂ mit|gehen (ist mitgegangen) .... Jonas möchte sofort in das Geschäft ~.

der Prospekt, -e ....

Die Kleidung

die Mütze, -n
_____

der Schal, -s
_____

🌐 das Sweatshirt, -s
_____

der Gürtel, -
_____

🌐 die Leggings (nur Pl.)
_____

der Stiefel, -
_____

Stiefel und *Schuhe* verwendet man meistens im Plural.

kariert
_____

bunt
_____

gestreift
_____

schrecklich .... ◆ Diese Ohrringe sind schön, oder?
▲ Nein! Ich finde sie ~.

wünschen .... ▼ Ich ~ mir dieses Sweatshirt zum Geburtstag.

überhaupt .... ● Gefallen dir die Stiefel?
◆ Nein, ~ nicht.

🌐 der Tipp, -s .... ■ Ich verstehe Mathe nicht. Was kann ich tun? Bitte gib mir einen ~.

antworten .... ↔ fragen

antworten → die Antwort

böse ☹ .... ● Wer hat meinen Stift kaputt gemacht?
◆ Oje, das war ich. Bitte sei nicht ~!

vorsichtig .... ▲ Die Pizza ist total heiß. Sei ~!

Mach doch ein Praktikum!

↓ NACH AUFGABE 4

1 **Was passt? Ergänze die richtigen Wörter.**

URTNHICERT ✕ PNÜRFUG ✕ FRIEEN ✕ ~~ZGNIEUS~~ ✕ SESTRS ✕ ATSFAUZ ✕ PUSAE

1. ● Daniel hat ein total gutes _Zeugnis_____. ▼ Ja, er hat fast in jedem Fach eine Eins.

2. ◆ Wir sollen einen _____ zum Thema „Stadt und Land" schreiben.

   ▲ Ja, ich weiß. Das habe ich zum Glück gestern schon gemacht.

3. ■ Wie findest du den _____ von Frau Meiser?

   ● Es geht so. Ich finde, er ist ziemlich langweilig.

4. ◆ Wann ist endlich _____? Ich bin müde und habe Hunger. ▼ Ich auch.

5. ● Bald haben wir _____. Ich freue mich schon sehr!

   ▲ Ich mich auch! Verreist ihr auch?

6. ◆ War die _____ schwer? ■ Ja, sehr. Ich glaube, ich bekomme keine gute Note.

7. ● Was ist denn mit Lilly los? Hat sie _____ zu Hause?

   ▼ Ja, mit ihren Eltern, aber auch in der Schule. Sie muss so viel lernen.

GRAMMATIK

2a **Was passt? Verbinde.**

1. ▲ Hast du den
2. ● Wohin hast du das
3. ◆ Wie findest du die
4. ■ Wir sollen auch die

a junge Lehrerin? ▼ Sie ist sehr nett.
b neuen Vokabeln lernen. ■ Ja, ich weiß.
c blaue Heft gelegt? ● Da, auf den Tisch.
d schwierigen Text schon gelesen? ◆ Ja. Du noch nicht?

b **Unterstreiche in 2a die Adjektive wie im Beispiel und ergänze die Tabelle. Schreib die Adjektivendungen in den Artikelfarben.**

> (!) Akkusativ maskulin: *den schwierigen*
>
> Alle anderen Formen sind im Akkusativ und im Nominativ gleich.

bestimmter Artikel + Adjektiv im Akkusativ	
den _schwierigen_	Text
das _____	Heft
die _____	Lehrerin
die _____	Vokabeln

3 **Ergänze den Artikel und die Adjektivendung.**

● Wir brauchen noch Preise für den Flohmarkt. Wie viel Geld nehmen wir ...

1. für _das___ kariert_e_ Hemd?
2. für ____ weiß____ Rock?
3. für ____ bunt____ Hut?
4. für ____ teur____ Sonnenbrille?
5. für ____ schwarz____ Gürtel?
6. für ____ gestreift____ Schal?
7. für ____ braun____ Stiefel?

Nicht mehr als drei Euro.

4 Was nimmt Sara mit?
Finde passende Adjektive
und ergänze die Wörter
mit Artikel wie im Beispiel.

Endlich Ferien!
Ich nehme
den alten Koffer
mit und …

teuer • alt • bunt • hübsch •
gelb • blau • schwarz • rot •
cool • kurz • interessant • grün

1. *den alten Koffer*

2. ....

3. ....

4. ....

5. ....

6. ....

7. ....

8. ....

9. ....

10. ....

11. ....

12. ....

5 Welche Sachen in deinem Schrank
findest du besonders toll, welche magst
du nicht so gern? Schreib in dein Heft.

☺ *Das gestreifte T-Shirt finde ich …*
☹ *Aber den blauen Pullover …*

↓ NACH AUFGABE 6 |

6 Was passt?
Ergänze die Wörter.

Bewerbung ✕ Geschäft ✕ Praktikum ✕ ~~Firma~~ ✕ Ausbildung

Was macht ihr in den Ferien?

von: Susi01 	Ich helfe in den Sommerferien meinem Vater in der _Firma_ (1), meistens so zwei oder drei Wochen lang. Da bekomme ich dann auch ein bisschen Geld für die Arbeit. Das ist cool.
von: Menschenfreund	In den Sommerferien mache ich ein _____ (2) im Krankenhaus. Es dauert zwei Wochen. Die _____ (3) habe ich schon geschrieben. Das haben wir im Deutschunterricht geübt. Nach der Schule möchte ich dort vielleicht eine _____ (4) machen.
von: junges Gemüse	Meine Großeltern haben ein kleines _____ (5) für Obst und Gemüse. In den Sommerferien arbeite ich da zweimal in der Woche. Das macht Spaß.

NACH AUFGABE 7

7 Wo ist das? Ergänze

| PRO | × | KRAN | × | LON | × | FEN | × | SCHU | × | ~~FI~~ | × | HOF | × | BÄ | × | KEN | × | SEUR | × | LE | × |
| BAHN | × | FRI | × | SCHÄFT | × | ~~SPORT~~ | × | GE | × | HAUS | × | HA | × | SA | × | FLUG | × | REI | × | CKE |

1. Wo arbeitet ein Sportverkäufer?   bei   S P O R T P R O F I
2. Wo arbeiten Ärzte?   im   K
3. Wo fliegen Flugzeuge ab?   am   F
4. Wo lernen Schüler?   in der   S
5. Wo arbeiten Verkäuferinnen?   im   G
6. Wo fahren Züge ab?   am   B
7. Wo bekommt man eine neue Frisur?   im   F
8. Wo bekommt man Brot und Brötchen?   in der   B

> Du kennst schon: *bei* + Person, z.B. *bei Peter*.   Auch bei einer Firma sagt man *bei* + Firma, z.B. *bei SportProfi*

8 Ergänze die richtigen Präpositionen und den Artikel, wo nötig.

Was macht Familie Konradi heute?

Nina Konradi ist Sekretärin _bei_ (1) Mayer & Co.

Heute ist sie aber nicht _____ (2) Büro, denn sie

besucht eine Freundin _____ (3) Krankenhaus. Ihr

Mann Tom arbeitet _____ (4) Bäckerei. Er ist

Bäcker. Ihre Tochter Julia Konradi ist heute _____ (5)

Kaufhaus und kauft ein neues Kleid, denn sie hat morgen

Geburtstag und möchte schön aussehen. Und Julias Bruder

Paul ist heute _____ (6) Flughafen und holt seinen Onkel ab. Onkel Rudi arbeitet _____ (7)

Apple® in Amerika und kommt zu Julias Geburtstag. Und wo sind Julias Großeltern? Sie stehen

_____ (8) Bahnhof. Alle haben sie vergessen und niemand holt sie ab.

NACH AUFGABE 8

9 Finde noch vier Berufe. Lies dann die Definitionen und ergänze.

ÜYW**KRANKENPFLEGER**ÄFDE**INFORMATIKER**PEVSÄM
PTO**TECHNIKERIN**MCX**VERKÄUFER**TAWEBANK**FRISEURIN**XO

1. Sie/Er schneidet Haare: ♀ _____ / ♂ _____
2. Sie/Er verkauft etwas: ♀ _____ / ♂ _____
3. Sie/Er schreibt Computerprogramme: ♀ _____ / ♂ _____
4. Sie/Er arbeitet nicht im Büro und repariert oft etwas: ♀ _____ / ♂ _____
5. Sie/Er arbeitet im Krankenhaus und hilft kranken Menschen: ♀ _____ / ♂ *der Krankenpfleger*

10 Was möchten die Jugendlichen gern werden? Warum? Schreib Sätze in dein Heft.

> sehr gut in Mathe sein ✕ gut surfen können ✕ gern Artikel schreiben ✕
> ~~sehr hübsch sein~~ ✕ Biologie und Chemie lieben

Nelly:
Modell

Mario:
Surflehrer

Tom:
Informatiker

Pia:
Journalistin

Lena:
Krankenschwester

> A. Nelly möchte Modell werden, weil sie sehr hübsch ist.

NACH AUFGABE 9

11 Was passt? Ergänze.

> Gepäck ✕ ~~dauern~~ ✕ Abteilung ✕ spannend ✕ zufrieden

1. ● Wie lang ist der Film? ◆ Kinofilme _dauern_ meistens 90 Minuten.
2. ▲ Pssst! Bitte seid nicht so laut. Der Krimi ist gerade so _____!
3. ■ Hast du viel _____? ● Nein, nur einen Rucksack und eine Tasche.
4. ▼ Bist du mit deiner neuen Schule _____?
   ● Ja, meine Lehrer sind nett und machen einen guten Unterricht.
5. ◆ Sag mal, wie heißt die _____, in der du arbeitest? ▲ IT-Service.

12 Wie kann man es anders sagen? Ergänze.

> Ich bin zufrieden mit dem Praktikum. ✕ Das ist leider nicht möglich.
> Du warst beim Festival? Erzähl doch mal! ✕ ~~Das war spannend.~~
> Die Arbeit war anstrengend. ✕ Meine Kollegen waren sehr nett.

1. Das war sehr interessant. → _Das war spannend._
2. Das Praktikum gefällt mir ganz gut. → _____
3. Die Mitarbeiter waren sehr freundlich. → _____
4. Das geht leider nicht. → _____
5. Ich habe viel gearbeitet und war müde. → _____
6. Sag doch mal, wie war's beim Festival? → _____

13a Lies den Text und unterstreiche die Subjekte und die Modalverben wie im Beispiel.

Mein Praktikum bei Hueber hat mir eigentlich ganz gut gefallen. Ich bin zufrieden. Aber es war echt anstrengend! Ich musste jeden Morgen so früh aufstehen und dann acht Stunden arbeiten. Zum Glück konnte ich meistens mit dem Fahrrad fahren. Das war schneller als mit dem Bus. Die Kollegen in meiner Abteilung waren alle sehr nett. Oft durfte ich interessante Aufgaben machen, aber leider nicht immer. Einmal sollte ich ans Telefon gehen. Mein Kollege konnte gerade nicht, er musste etwas anderes machen. Das wollte ich zuerst nicht so gern, denn ich war echt ziemlich nervös. Aber dann war zum Glück alles kein Problem. Der Mann am Telefon war sehr freundlich.

b Ergänze die Tabelle. Es sind nicht alle Formen im Text. Ergänze dann die Regel.

Modalverben: Präteritum					
	können	müssen	dürfen	wollen	sollen
ich	konn.........	muss*te*	durf.........	woll.........	soll.........
du	konntest				
er/es/sie	konn.........	muss.........			
wir	konnten				
ihr	konntet				
sie/Sie	konnten				

Die Modalverben haben im Präteritum keine Umlaute: ö, ü → .... , ...

NACH AUFGABE 10

14 Ergänze die Modalverben im Präteritum.

1. ▲ Was war denn gestern los? Wo wart ihr?

   ● Tut mir leid, wir _konnten_ (können) nicht kommen, weil wir nicht auf die Party gehen

   .... (dürfen).

2. ■ Sabine .... (wollen) doch um vier Uhr hier sein.

   ◆ Ja, aber sie .... (müssen) noch ihre Oma besuchen.

3. ▼ Wie war's in Paris? .... (dürfen) du einen Sprachkurs machen?

   ● Ja. Nach drei Monaten .... (können) ich auch ziemlich gut Französisch sprechen.

4. ◆ Warum sind die Hausaufgaben noch nicht fertig?

   ● Ich .... (wollen) sie ja machen, aber ich .... (können) nicht.

   Sie waren zu schwer.

15a Lies den Blogtext von Pia. Unterstreiche die Satzteile mit Modalverben wie im Beispiel.

> PIA | Letzten Samstag <u>durfte ich bei meiner Freundin Maja schlafen</u>, weil wir eine Gartenparty machen wollten. Majas Eltern sind echt total nett. Leider hat es geregnet und wir konnten keine Würstchen grillen. Also mussten wir in Majas Zimmer feiern. Aber es war trotzdem super. Wir durften auch ziemlich laut Musik hören, das war okay für Majas Eltern. Wir sollten nur die Nachbarn informieren. Am Sonntag konnten wir zum Glück lange schlafen. Aber dann mussten wir natürlich auch alles aufräumen.

b Hast du auch schon einmal bei einer Freundin / einem Freund übernachtet? Was *durftet/wolltet/musstet/solltet* ihr machen? Schreib einen Blogtext in dein Heft.

AUSSPRACHE

16 ei/ai – au – eu/äu: Hör zu und sprich nach.

7
ei/ai	→	Eis	langweilig	beide	Mai	Seite	weiß
au	→	Aufgabe	kaufen	Pause	traurig	genau	Traum
eu/äu	→	freuen	aufräumen	Leute	träumen	Zeugnis	Euro

17 Hör zu und sprich nach.

8
1. ei/ai – au
Eis – aus
heiß – Haus
Leid – laut
Reis – raus

2. au – eu/äu
Haus – Häuser
Frau – freuen
laut – Leute
Raum – Räume

3. ei/ai – eu/äu
frei – freuen
Mai – Mäuse
nein – neun
leider – Leute

18 Was hörst du? Kreuze an.

9
	ei/ai	au	eu/äu
1.	○	○	○
2.	○	○	○
3.	○	○	○
4.	○	○	○
5.	○	○	○

au (a+o) ei/ai (a+i) eu/äu (o+i)

19a Ergänze ei/ai, au oder eu/äu. Hör dann zu und vergleiche.

10
▲ Verr____st du h____te?

● Ja, wir machen ____ne R____se ins ____sland.

▲ Toll! Mit dem ____to?

● Ja, mit dem ____to durch ____ropa. Ich fr____e mich schon! Und was macht ihr?

▲ Wir bl____ben l____der zu H____se.

b Sprecht den Dialog zu zweit.

Das sind deine Wörter!

der Stress (nur Sg.) .... stressig ⟶ der Stress

das Praktikum, die Praktika .... Jonas macht am Flughafen ein ~.

die Ausbildung, -en .... Jonas möchte nicht mehr zur Schule gehen. Er möchte lieber eine ~ machen.

die Bewerbung, -en .... ◆ Ich möchte ein Praktikum im Krankenhaus machen.
▲ Dann musst du zuerst eine ~ schreiben.

die Firma, die Firmen .... ■ In den Ferien helfe ich meinen Eltern in der ~.

die Abteilung, -en .... ◆ Bei meinem Praktikum habe ich verschiedene ~ kennengelernt.

anderer / anderes / andere / andere .... ● Bei meinem Praktikum durfte ich jede Woche in einer ~n Abteilung arbeiten.

Praktikumsorte

die Bäckerei, -en

der Friseursalon, -s

das Büro, -s

der Kindergarten, ⸚

das Sportgeschäft, -e

Berufe

der Techniker, - / die Technikerin, -nen   der Verkäufer, - / die Verkäuferin, -nen

der Krankenpfleger, - / die Krankenschwester, -n   der Polizist, -en / die Polizistin, -nen

der Bäcker, - / die Bäckerin, -nen   der Ingenieur, -e / die Ingenieurin, -nen

der Friseur, -e / die Friseurin, -nen

werden (du wirst, er/es/sie wird, ist geworden) .... ◆ Ich möchte später Krankenpfleger ~, weil ich gern mit Menschen arbeite.

dauern .... ● Mein Praktikum hat drei Wochen ~. (*Perfekt*) der IT- Service, -s ....

IT = Informationstechnik

spannend ....

▲ Das Praktikum in der IT-Abteilung war sehr ~ und überhaupt nicht langweilig.

das Gepäck (nur Sg.)  ....

anstrengend ....

■ Die Arbeit in der Gepäckabteilung war ~. Am Abend war ich sehr müde.

der Kollege, -n / die Kollegin, -nen ....

● Die ~ in der Gepäckabteilung waren sehr nett.

zufrieden ....

Jonas ist mit seinem Praktikum ~. Es hat ihm ganz gut gefallen.

der Preis, -e ....

▼ Wir brauchen noch ~ für den Flohmarkt. Wie viel Geld nehmen wir für das Hemd?
▲ Hm, vielleicht drei Euro?

 Erinnerst du dich?
der Job, -s ....

 der Informatiker, - / die Informatikerin, -nen

 der Professor, -en / die Professorin, -nen

 der Künstler, - / die Künstlerin, -nen

 der Schauspieler, - / die Schauspielerin, -nen

 der Politiker, - / die Politikerin, -nen

 das Model, -s

 der Architekt, -en / die Architektin, -nen

 der Lehrer, - / die Lehrerin, -nen

 der Hausmann, ¨er / die Hausfrau, -en

 der Koch, ¨e / die Köchin, -nen

 der Arzt, ¨e / die Ärztin, -nen

 der Sekretär, -e / die Sekretärin, -nen

 der Trainer, - / die Trainerin, -nen

 der Tänzer, - / die Tänzerin, -nen

Lesen

1a Lies die Überschriften A–F. Lies dann die beiden Texte und ordne die Überschriften den Textabschnitten 1–6 zu.

(A) Wo gibt es Infos? (B) Warum ein Schülerpraktikum? (C) Wann und wie lange?

(D) Meine Aufgaben (E) So habe ich meinen Praktikumsplatz gefunden (F) Das denke ich

---

www.schülerinfo_aktuell.de

Schülerpraktikum gesucht? Hier findest du Antworten auf deine Fragen.

(1) Ist dein Traumberuf der richtige für dich? Mit einem Schülerpraktikum lernst du diesen Beruf wirklich kennen. So findest du auf jeden Fall leichter den richtigen Beruf für dich.

(2) Ein Schülerpraktikum machst du oft in der 8. oder 9. Klasse. Es dauert eine oder zwei Wochen. Du bekommst kein Geld, aber du sammelst sehr viele neue Erfahrungen.

(3) Frag in deiner Schule, dort bekommst du mehr Informationen. Hilfe gibt es auch im Internet, zum Beispiel auf Webseiten für Schüler. Hier bei SCHÜLERINFO zum Beispiel kannst du die passende Firma für dich finden. Außerdem gibt es hier auch noch Tipps für deine Bewerbung. Viel Erfolg!

Mein Schülerpraktikum am Theater:

(4) Ich heiße Viola, gehe in die Klasse 8b in der Anne-Frank-Schule und mache gerade ein Schülerpraktikum in einem Theater. Viele Leute fragen mich: Wie hast du dieses Praktikum gefunden? Also, zuerst habe ich im Internet ein paar interessante Theater in meiner Stadt gesucht, dort angerufen und Bewerbungen geschrieben. Das haben wir in der Schule geübt. Manchmal muss man leider recht lange auf eine Antwort warten. Zum Glück hat es bei mir recht schnell geklappt!

(5) Am ersten Morgen hatte ich ein bisschen Angst. Was passiert da? Was darf ich machen? Diese Fragen hat bestimmt jeder, der zum ersten Mal ein Praktikum macht. Natürlich war alles total neu für mich. Aber die Leute waren sehr freundlich und haben mir zuerst alles gezeigt. Ich durfte faxen, kopieren, Tickets verkaufen, den Schauspielern helfen und viele andere Dinge machen, nur Theater spielen durfte ich leider nicht.

(6) Arbeit und Schule, das kann man echt nicht vergleichen! Man hat nur 45 Minuten Pause, man muss mindestens acht Stunden arbeiten und man muss machen, was die Kollegen sagen. Abends war ich immer ziemlich müde. Trotzdem finde ich so ein Praktikum toll. Man darf viel ausprobieren und lernt viel. Und mein Traumberuf? Ist immer noch Schauspielerin!

---

b Lies die Fragen und unterstreiche die Informationen im Text. Schreib die Antworten in dein Heft.

1. Warum macht man ein Schülerpraktikum?
2. Wie lang ist ein Schülerpraktikum?
3. Was muss man machen, wenn man einen Praktikumsplatz sucht?
4. Wie hat Viola ihr Praktikum gefunden?

5. Welche Fragen haben die meisten Jugendlichen bei ihrem ersten Praktikum?
6. Wie hat Viola das Schülerpraktikum gefallen? Warum?

Hören

2a Schau das Bild an und hör den Anfang einer Radiosendung. Um welche Stadt geht es? Kreuze an.

11 ⏺

1. Berlin ○ 2. München ○ 3. Hamburg ○

b Du hörst eine Radiosendung in drei Teilen.
Zu jedem Teil gibt es zwei Aufgaben.
Was ist richtig? Kreuze an.

12–14 ⏺

> Lies die Aufgaben 1 und 2 und markiere wichtige
> Informationen. Hör dann Teil 1 und kreuze an.
> Bist du noch unsicher? Dann hör noch einmal.

Teil 1
1. Die Sendung „Sommer in der Stadt"
   ist für …
   a Eltern.
   b Schüler.
   c Lehrer.

2. Elisa …
   a arbeitet bei Radio Jumax.
   b gibt den Hörern Tipps
      für Hamburg.
   c braucht viel Geld in Hamburg.

Teil 2
3. Der Hamburger Fischmarkt …
   a ist berühmt.
   b keine Attraktion.
   c ist wie Karneval.

4. Auf dem Hamburger Fischmarkt …
   a kann man nur frischen Fisch kaufen.
   b sind nie viele Leute.
   c kann man schon sehr früh einkaufen.

Teil 3
5. An der Elbe …
   a ist feiern verboten.
   b gibt es keinen Strand.
   c kann man große Schiffe sehen.

6. Die „Strandperle" ist …
   a ein Restaurant.
   b ein Kiosk.
   c ein Klub.

Schreiben

3a Dein Brieffreund Mario kommt zu dir zu Besuch. Lies seine E-Mail und unterstreiche alle Fragen.

Von: mariomüller@gms.de

Hallo!
Wie geht es dir? Bald komme ich und ich freue mich schon sehr (nur noch eine Woche!).
Wie ist denn das Wetter bei euch? Soll ich eine warme Jacke mitnehmen? Deine Stadt finde
ich sehr interessant. Ich habe schon ein bisschen im Internet recherchiert. Wo bist
du denn am liebsten? Hast du einen Lieblingsplatz? Und deine Freunde möchte ich natürlich
auch gern kennenlernen, wenn das okay ist. Ich komme am Freitag um 17:40 Uhr am Bahnhof an.
Soll ich mit der U-Bahn fahren oder holt ihr mich ab? Ach ja, noch etwas: Ich möchte gern ein
Geschenk für deine Eltern kaufen. Mögen sie Schokolade, was meinst du?

Viele Grüße und bis bald
Mario

> Nicht vergessen:
> Hast du Marios
> Fragen alle
> beantwortet?

> Besondere Ausdrücke wie
> *natürlich, auf jeden Fall,*
> *vielleicht, immer* machen
> deinen Text interessanter.

b Schreib eine E-Mail in dein Heft und antworte.

Mach die Übungen. Schau dann auf S. 94 und kontrolliere.
Kreuze an: ☺ *Das kann ich sehr gut!* / ☻ *Das geht so.* / ☹ *Das muss ich noch üben.*

1 **Im Bus: Eine alte Frau will aussteigen und vergisst eine Tüte. Was sagst du?**

_____

Ich kann ein Gespräch mit jemandem anfangen und Zugehörigkeit ausdrücken. ☺ ☻ ☹

2a **Du bist mit zwei Freunden verabredet und kannst nicht kommen. Was sagst du?**

▪ *Entschuldigung, ich* _____ .

  Tut _____ .

b **Was antworten die beiden?**

☺ *Kein* _____ *! Das* _____ .

☻ *Das finde* _____ .

Ich kann mich entschuldigen und eine Entschuldigung annehmen. ☺ ☻ ☹

3 **Du bist mit einer Freundin im Café. Die Kellnerin kommt an euren Tisch.
Was sagt ihr?**

◆ *Können wir bitte* _____ *? Ich* _____ .

  _____

▲ *Und ich* _____ .

Ich kann Essen und Getränke bestellen. ☺ ☻ ☹

4 **Deine Freundin möchte Moderatorin beim Radio werden.
Welche Tipps gibst du ihr?**

Mach ... _____ !

Du kannst ... _____

  _____

Ich kann über die Berufsausbildung sprechen. ☺ ☻ ☹

5 **Deine Oma ist neugierig und will immer alles wissen. Was sagt sie?**

_____ *doch mal!*

Ich kann jemanden zum Sprechen auffordern. ☺ ☻ ☹

6 **Paul hat ein Praktikum im Kindergarten gemacht. Was durfte/musste er machen? War er zufrieden? Schreib in dein Heft.**

Ich kann über berufliche Aktivitäten sprechen und Zufriedenheit ausdrücken. ☺ ☻ ☹

Meistens ... und ...

Manchmal durfte/musste er ...

Eigentlich war er sehr ...

Sofie möchte zum Casting.

NACH AUFGABE 2

1 **Welche Farbe ist das? Ergänze.**

1. *hellrot*   3. _____   5. _____

2. *dunkel...*   4. _____   6. _____

GRAMMATIK

2a **Zeichne die Dinge.**

Ⓐ

ein kariertes Handtuch

Ⓑ

blaue Tanzschuhe

Ⓒ

eine dunkelrote Wasserflasche

Ⓓ

ein gestreiftes Top

Ⓔ

ein grüner Apfel

Ⓕ

eine hellblaue Monatskarte

b **Unterstreiche die Adjektive in 2a und ergänze die Tabelle. Schreib die Adjektivendungen in den Artikelfarben.**

unbestimmter Artikel + Adjektiv im Nominativ		
ein	*grüner*	Apfel
ein		Top
eine		Wasserflasche
–		Tanzschuhe

3 **Ergänze die Adjektivendungen.**

1. ● Hier ist ein weiß *es* Smartphone. Hat das jemand vergessen?

2. ◆ Was ist denn das? ▼ Ein alt_____ Computer. ◆ Der ist aber groß.

3. ■ Hier liegen schwarz_____ Jeans, eine weiß_____ Bluse und ein dunkelblau_____ Pullover.

4. ▲ „Duschmax", was ist denn das? ● Das ist ein neu_____ Duschgel.

5. ▼ Eine dunkelrot_____ Hose und dunkelbraun_____ Schuhe? Das sieht nicht gut aus.

6. ● Hier im Bad hängt ein neu_____ Handtuch. Gehört es dir? ◆ Ja, Leon hat es mir geschenkt.

7. ■ Schau mal, eine gestreift_____ Wasserflasche! Cool!

GRAMMATIK

4a **Ergänze die Adjektivendungen.**

- Schau mal, eine rot-weiß_e_ (1) Wasserflasche. Theo ist doch Bayern-München-Fan.

  Die cool_____ (2) Flasche ist sicher ein toll_____ (3) Geschenk für ihn.

- ▲ Nein, das gestreift_____ (4) T-Shirt da ist besser.

- Und der rot_e_ (5) Schal? Ein rot_er_ (6) Bayern-München-Schal gefällt ihm vielleicht.

- ▲ Ich glaube, rot_____ (7) Fan-Artikel sind nicht so eine toll_____ (8) Idee.

- Da hast du auch wieder recht. Die langweilig_____ (9) Fan-Artikel sind vielleicht doch nicht so gut.

  Wir können Theo doch einen James-Bond-Film auf DVD schenken.

- ▲ Na ja. Und die neu_____ (10) CD von Nastasia? Wie findest du die Idee?

- Komm, wir gehen mal in den CD-Laden an der Ecke.

b **Ergänze die Tabelle. Schreib die Adjektivendungen in den Artikelfarben.**

Adjektiv im Nominativ				
bestimmter Artikel		unbestimmter Artikel		
der	rot_e_ Schal	ein	rot_e(0)_	Schal
das	gestreift_____ T-Shirt	ein	toll_____	Geschenk
die	neu_____ CD	eine	toll_____	Idee
die	langweilig_____ Fan-Artikel	–	rot_____	Fan-Artikel

c **Lies noch einmal die Beispiele in 4b. Wie verändern sich die Adjektivendungen beim unbestimmten Artikel? (Markiere.)**

5 **Was ist richtig? Unterstreiche.**

① Citygame – das tolle / tolles Online-Spiel ab 12 Jahren

② Vitamixxx – der leckerer / leckere Saft für Sport und Schule

③ Ein gutes / gute Foto sagt mehr als 1000 Worte: Digitalkameras von Alpha

④ Intelligente / Intelligenten Spiele für Strategie-Fans: jetzt online!

⑤ Ein heißer / heiße Sommer braucht „Icekalt", das coole / cooles Eis für coole Leute!

⑥ Eine schöne / schönen Frau liebt Rosaline: das Parfüm für die romantische / romantischen Stunden!

↓ NACH AUFGABE 3 |

6 **Was ist richtig? Unterstreiche.**

1. ◆ Papa, hast du meine Schlüssel gesehen? Morgen / Vorhin waren sie doch noch hier.

   ● Schau doch mal in die Küche. Jetzt / Heute Vormittag haben sie auf dem Küchentisch gelegen.

2. ▼ Morgen / Gestern früh muss ich schon um halb sieben aufstehen. Wir machen einen Ausflug.

   ● Das ist doch toll.

3. ▼ Vorhin / Morgen hat Paul angerufen. Du sollst heute / vorhin Abend zu ihm kommen.

4. ■ Komm, hilf mir bitte. ● Ja, Mama. In zwei Minuten. ■ Nein, ich brauche dich vorhin / jetzt.

SCHREIBTRAINING

7a Eine halbformelle E-Mail schreiben. Lies die Anzeigen B und C im Kursbuch (Seite 27, Aufgabe 4a) noch einmal. Wähle eine Anzeige aus und beantworte die Fragen. Schreib in dein Heft.

1. Sucht man in der Anzeige Mädchen oder Jungen?
2. Wie alt müssen sie sein?
3. Was müssen sie mitschicken?
4. An welche Adresse soll man die E-Mail schicken?

b Max interessiert sich für ein Casting und möchte eine E-Mail schreiben. Was passt? Kreuze an.

1. Die Anrede: ◯ Liebes Casting, ◯ Hi Frau Plaum, ◯ Liebe Frau Plaum,
2. Der Betreff: ◯ Betreff: Casting ◯ Betreff: Tänzer und Fotomodelle ◯ Betreff: Mein Hobby
3. Der Gruß: ◯ Tschüss. Bis bald dein Max ◯ Viele Grüße Max Baumann ◯ Dein Max

c Du hast Interesse an dem Casting in Anzeige B oder C. Schreib eine E-Mail in dein Heft.

• Stell dich vor (Name, Alter).
• Wie gut kannst du tanzen? (Anzeige B) / Wie siehst du aus? (Anzeige C)
• Was schickst du mit?
• Welche Fragen hast du?

GRAMMATIK

8a Was macht Sofie, wenn …? Verbinde.

1. Wenn Sofie krank ist,
2. Wenn Sofie eine neue Frisur haben möchte,
3. Wenn Sofies Tanzlehrerin nicht pünktlich zum Tanzkurs kommt,
4. Wenn Sofie neue Leggings braucht,
5. Wenn es heute Abend regnet,

a dann kann sie einkaufen gehen.
b dann ärgert sich Sofie.
c muss sie zum Friseur gehen.
d fährt Sofie mit dem Bus zum Tanzkurs.
e dann muss sie zu Hause bleiben.

> Übersetze diese Sätze. Wie heißt *wenn* in deiner Sprache?

b Lies das Beispiel aus 8a noch einmal und ergänze.

Sofie ist krank. Sie muss zu Hause bleiben.

_____ Sofie krank _____ , dann muss sie zu Hause bleiben.

c Schau noch einmal 8a und 8b an. Lies dann die Regel. Was ist richtig? Unterstreiche.

Konjunktion wenn

Der *wenn*-Satz ist ein Hauptsatz / Nebensatz : Das konjugierte Verb steht am Ende.

Das Wort *dann* kann man verwenden.

d Lies noch einmal das Beispiel aus 8a und ergänze das Schema. Was verändert sich im Hauptsatz nach dem *wenn*-Satz? Zeichne (↘).

Nebensatz	Hauptsatz			
	Sie	*muss*	*zu Hause*	*bleiben.*
Wenn Sofie krank ist, (dann)				

9 Ergänze die Sätze mit *wenn*.

Hilfe brauchen ✖ es regnet ✖ ins Schwimmbad gehen ✖ krank sein

1. *Wenn sie* ...., dann darf Sofie nicht zum Casting gehen.
2. ...., dann können wir leider nicht zu dem Open-Air-Konzert gehen.
3. ...., dann kannst du mich anrufen.
4. ...., dann kannst du das neue Handtuch mitnehmen.

10 Verbinde die Sätze mit *wenn*. Schreib in dein Heft.
1. Timo lernt nicht für die Prüfung. Er bekommt eine schlechte Note.
2. Julia ist verliebt. Sie liest romantische Gedichte.
3. Isabel schreibt eine gute Note in Mathe. Sie darf am Wochenende auf ein Konzert gehen.
4. Felix besucht Miriam. Er zieht eine coole Hose an.
5. Jan übt Schlagzeug. Seine Schwester nimmt ihre Kopfhörer und hört laut Musik.

1. Wenn Timo nicht für die Prüfung lernt, bekommt er...

GRAMMATIK

11 Was passt? Ordne zu.

Tims Mutter holt Tim mit dem Auto ab, wenn die Party zu Ende ist. ✖
Wenn die Party zu Ende ist, fährt Tim mit dem Bus nach Hause.

Der *wenn*-Satz kann vor oder nach dem Hauptsatz stehen. Zwischen dem Hauptsatz und dem Nebensatz steht ein Komma.

1. ....

2. ....

12 Ergänze die Sätze. Schreib in dein Heft.

> 1. Ich stehe am Wochenende nur früh auf, wenn …

> 2. Wenn ich am Wochenende früh ins Bett gehe, dann …

↓ NACH AUFGABE 8 ▌

13 Passt das zu *gesund* oder *krank*? Ordne zu. Schreib in dein Heft.

Fieber haben ✖ ~~ins Kino gehen~~ ✖ Grippe haben ✖ Fußball spielen ✖
zur Ärztin gehen ✖ im Krankenhaus sein ✖ Tabletten nehmen ✖ es geht mir gut ✖
in die Apotheke gehen ✖ auf ein Straßenfest gehen ✖ im Bett bleiben

gesund
ins Kino gehen, _____

krank
_____

↓ NACH AUFGABE 10 ▌

14 Schreib Sätze. Du kannst diese Verben benutzen: *mögen, haben, tragen, werfen, bekommen*

1. Topmodel, Kleid: *Topmodels tragen oft schöne Kleider.*
2. Star, Talent: _____
3. Publikum, Fernsehsendung: _____
4. Kandidatin, Chance: _____
5. Flasche, Müllcontainer: _____

15a Was ist für eine Kandidatin / einen Kandidaten ein Traum, was ist ein Albtraum?
Schreib in dein Heft.

~~reich sein~~ ✖ verlieren ✖ beliebt sein ✖ berühmt sein ✖ schön sein ✖ weinen ✖
Erfolg haben ✖ das Publikum vergisst sie/ihn schnell ✖ ihr/sein Talent zeigen ✖
Kritik bekommen ✖ das Publikum protestiert ✖ das Publikum reagiert nett

Traum: *reich sein, …*   Albtraum: *…*

b Was denken die beiden Kandidatinnen? Ergänze Sätze mit den Ausdrücken aus
15a in dein Heft.

1 Ich habe Angst, dass …

2 Ich möchte …

16a Ergänze den Infinitiv der Verben.

1. stattgefunden *stattfinden*

2. geweint ....

3. reagiert ....

4. vergessen ....

5. geweint ....

6. bekommen ....

b Was ist hier passiert? Schreib eine Geschichte in dein Heft und benutze mindestens drei Verben aus **16a**.

17 Finde zwei kleine Dialoge (drei Teile pro Dialog) und schreib sie in dein Heft.

Ich finde, dass Topmodel ein toller Beruf ist. ✖ Ja, da hast du recht. Aber sie verdienen auch sehr viel Geld. ✖ Ja, da hast du recht. Aber man ist berühmt und darf schöne Kleider tragen. Das finde ich toll. ✖ Ich glaube, dass Schauspieler glücklich sind, denn sie können ihr Talent zeigen. ✖ Nein, das finde ich nicht, denn man muss schlank sein und darf nicht viel essen. ✖ Das stimmt. Aber sie können auch viel Kritik bekommen.

◆ Ich finde, dass Topmodell ein toller Beruf ist.

● ...

AUSSPRACHE

18a **Hör zu und sprich nach.**

15 🔊

Jakob: Wer fährt zum Casting? Luisa?

Anna: Nein, doch nicht Luisa! Sofie fährt zum Casting.

Nina: Fabio sagt, sie fährt nach Dortmund.

Anna: Nein, sie fährt doch nicht nach Dortmund! Sie fährt nach Düsseldorf.

Oskar: Und wann fährt sie? Am Freitag?

Anna: Nein, doch nicht am Freitag! Sie fährt am Samstag.

Lena: Tim sagt, sie fliegt nach Düsseldorf.

Anna: Nein, sie fliegt doch nicht! Sie fährt nach Düsseldorf. Mit dem Zug!

Ben: Jonas sagt, Sofie fährt zum Fotoshooting.

Anna: Nein, doch nicht zum Fotoshooting! Sie fährt zum Casting.

So kannst du wichtige Informationen besonders betonen.

b **Sprecht die Dialoge zu zweit.**

19 **Schreibt zu zweit kleine Dialoge wie in 18a und spielt sie in der Klasse vor.**

das Top, -s   der Tanzschuh, -e

....

die Wasserflasche, -n   das Duschgel, -s

....

die Monatskarte, -n   das Handtuch, ¨er

....

hell (+ Farbe) .... Sofies Wasserflasche ist ~blau.

dunkel (+ Farbe) .... ↔ hell

vorhin .... ◆ ~ waren meine Schlüssel noch
                                                     hier, jetzt sind sie weg.

die Frisur, -en .... Anna war beim Friseur. Jetzt hat
                                                     sie eine neue ~.

🌐 das Casting, -s ....

✂ statt|finden .... Das Casting ~ am Montag ~. (Perfekt)
   (hat stattgefunden)

🌐 das Talent, -e ....

der Betreff, -e ....

Von: simonmiller@mail.
An: computerclub@pasi
Betreff: Mitglied im Compu

                                                     Jede E-Mail braucht einen Betreff.
                                                     Hier steht das Thema der E-Mail.

das Fieber, - ....

die Grippe, -n .... Sofie hat eine ~.
                                                     Sie muss im Bett bleiben.

wenn ..., (dann) ... . ~ Sofie Fieber hat, (~) kann sie nicht
                                                     zum Casting gehen.

die Tablette, -n ....

die Apotheke, -n .... Wenn Sofie krank ist, geht ihre Mutter
                                                     in die ~ und kauft Tabletten.

sich langweilen .... Wenn Sofie im Bett bleiben muss,
                                                     dann ~ sie ~.

gesund .... ↔ krank

🌐 **die Castingshow, -s** ....

   🌐 der Kandidat, -en / die Kandidatin, -nen   🌐 der Star, -s

      die Fernsehsendung, -en   der Erfolg, -e

      das Publikum (nur Sg.)   die Kritik, -en

   🌐 die Chance, -n

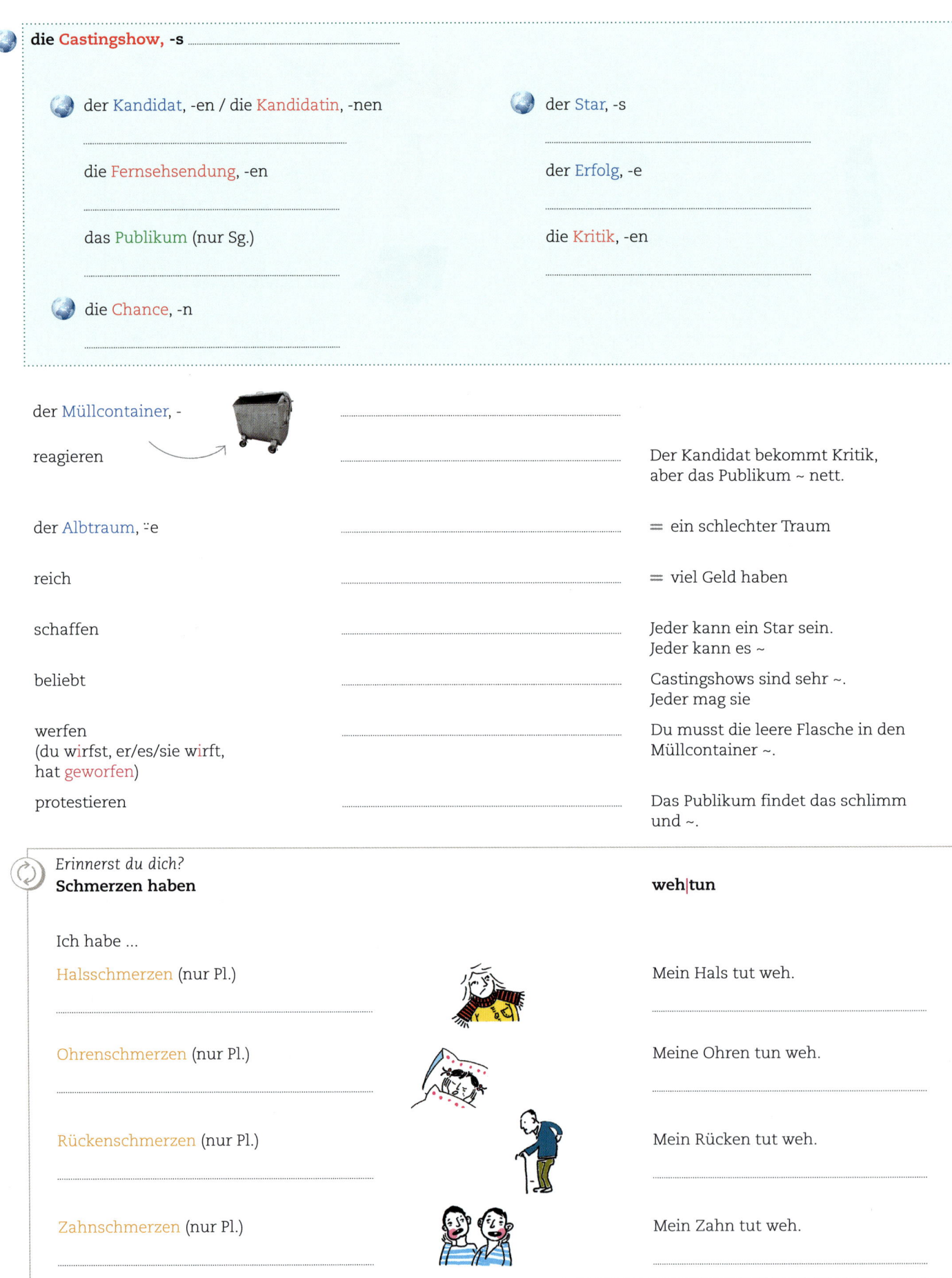

der Müllcontainer, -

reagieren   Der Kandidat bekommt Kritik, aber das Publikum ~ nett.

der Albtraum, ⸚e   = ein schlechter Traum

reich   = viel Geld haben

schaffen   Jeder kann ein Star sein. Jeder kann es ~

beliebt   Castingshows sind sehr ~. Jeder mag sie

werfen
(du wirfst, er/es/sie wirft, hat geworfen)   Du musst die leere Flasche in den Müllcontainer ~.

protestieren   Das Publikum findet das schlimm und ~.

🔄 *Erinnerst du dich?*

Schmerzen haben		**weh|tun**
Ich habe ...		
Halsschmerzen (nur Pl.)		Mein Hals tut weh.
Ohrenschmerzen (nur Pl.)		Meine Ohren tun weh.
Rückenschmerzen (nur Pl.)		Mein Rücken tut weh.
Zahnschmerzen (nur Pl.)		Mein Zahn tut weh.

Wie heißt die 32 000-Euro-Frage?

NACH AUFGABE 1

1 **Ergänze.**

| Serie | x | Lateinisch | x | Joker | x | ~~Quizsendung~~ | x | Moderator |

1. ◆ Was kann man in dieser *Quizsendung* _____ eigentlich gewinnen? ■ Keine Ahnung.

2. ● Der _____ ist gut, nicht? Er ist total witzig.

   ◆ Ja, aber ich finde, er redet zu viel.

3. ▲ Haben die Leute in Italien früher wirklich _____ gesprochen?

   ◆ Ja, gesprochen und geschrieben.

4. ▼ Ich muss gehen. Gleich kommt eine spannende _____.

   ■ Kannst du sie nicht auch später im Internet sehen?

5. ● Oje, diese Frage ist echt schwer. Ich habe keine Ahnung.

   ■ Zum Glück haben Sie ja noch einen _____.

2 **Wie heißen die Tiere? Lös das Rätsel.**

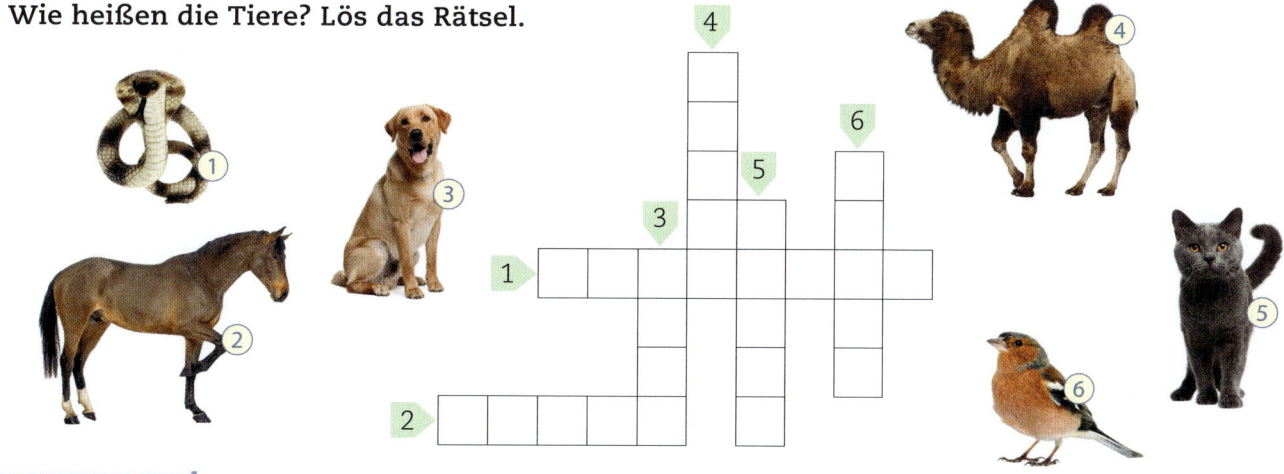

NACH AUFGABE 2

3 **Was ist richtig? Unterstreiche.**

1. ◆ Du kannst jetzt nicht mehr Schlagzeug üben. Es ist schon spät. ▼ Okay, ich höre auf / mache an .

2. ■ Wir gratulieren / helfen dir ganz herzlich zum Geburtstag, Oma. ● Oh, das ist aber lieb!

3. ◆ Paul hat sein Frisbee mitgebracht, möchtet ihr mitspielen / ausmachen ? ◆ Oh ja, gern!

4. ● Wir müssen noch aufräumen. Ich habe schon mal angefangen. ▼ Okay, danke! Du kannst jetzt
   aufhören. Ich packe aus / mache weiter .

5. ▲ Hilfst du mir bei der Aufgabe? Ich kann diese Frage nicht bekommen / beantworten .

4 **Was passt? Kreuze an.**

1. ◆ Diese Jacke haben wir nur noch in Schwarz, nicht in Rot.

   ⓐ ▲ Das weiß ich nicht. ⓑ ▲ Bis morgen. ⓒ ▲ Wie schade!

2. ● Theresa will die Fahrrad-Tour nicht mitmachen.

   ⓐ ◆ Das ist eine tolle Idee. ⓑ ◆ Ja, da kann man nichts machen. ⓒ ◆ Oh, Entschuldigung.

3. ■ Luca hat das Praktikum leider nicht bekommen.

   ⓐ ▼ Nein, ich bin dagegen. ⓑ ▼ Schade, dass es nicht geklappt hat. ⓒ ▼ Jetzt nicht.

NACH AUFGABE 3

5 **Schau das Bild an und lies. Was ist richtig? Kreuze an.**

Der Torwart hat sich verletzt,

ⓐ deshalb will er aufhören.

ⓑ trotzdem will er weitermachen.

> Wie sagt man *deshalb* und *trotzdem* in deiner Sprache?

GRAMMATIK

6a **Ergänze *deshalb* oder *trotzdem*.**

1. Oliver weiß viel,
ⓐ .... macht er bei einer Quizsendung mit.
ⓑ .... kann er nicht alle Fragen beantworten.

2. Wir waren nur einen Tag in Köln,
ⓐ .... haben wir viel gesehen.
ⓑ .... haben wir nur das Stadtzentrum angeschaut.

3. Sofie hat Fieber,
ⓐ .... will sie zum Casting.
ⓑ .... muss sie im Bett bleiben.

b **Schreib die Sätze mit *deshalb* und *trotzdem* aus 6a in das Schema. Ergänze dann die Regel.**

	Position 1	Position 2			Ende
1. Oliver weiß viel,	*deshalb*			*bei einer Quizsendung*	
2. Wir waren nur einen Tag in Köln,					*gesehen.*

Trotzdem steht – genauso wie *deshalb* – auf Position .... Das konjugierte Verb steht auf Position ....

7 **Verbinde die Sätze mit *deshalb* oder *trotzdem* und schreib sie in dein Heft.**

1. Jonas durfte nicht im Tower arbeiten. Er war mit seinem Praktikum zufrieden.
2. Die Medien-AG hat im Wettbewerb gewonnen. Luisa und Sofie fahren nach Salzburg.
3. Anna findet Trialfahren sehr gefährlich. Sie möchte es nicht machen.
4. Jonas hat Anna ins Eiscafé eingeladen. Er spricht nur mit seinen Freunden.

> *1. Jonas durfte nicht im Tower arbeiten, trotzdem war er mit seinem Praktikum zufrieden.*

8 **Schreib Sätze mit den Wörtern in dein Heft. Verwende *deshalb* und *trotzdem*.**

⊕

> müde sein • chatten •
> Freunde treffen • trainieren

> *Ich gehe abends immer früh ins Bett, trotzdem bin ich am nächsten Tag immer müde. /*
> *Ich habe gestern sehr lange ferngesehen, deshalb ...*

↓ NACH AUFGABE 6 |

9 **Ordne die Zahlen.**

eine Million ✕ zehntausend ✕ ~~hundert~~ ✕ hunderttausend ✕ tausend

hundert _____ < _____ < _____ <

_____ < _____

_____

10 **Was passt zusammen? Verbinde.**

> Wenn vor *hundert* und *tausend* eine höhere Zahl steht, sagst du *einhundert* und *eintausend*.
>
> *1101 tausendeinhunderteins*

280   achthundertzwei   elftausendvierhundertzehn   802

sechshunderttausendsiebenhunderteinunddreißig   99 915   tausendeinhunderteins

sechstausendneunhundertsiebenundsiebzig   1101   zweihundertachtzig

6977   neunhundertneunundneunzigtausendfünfhundertneunzehn   11 410

600 731   neunundneunzigtausendneunhundertfünfzehn   999 519

11 **Lies den Text und beantworte die Fragen. Schreib die Zahlen als Wörter.**

Neuer Weltrekord

31 Stunden Fußball spielen ohne Pause und 346 Tore: Diesen neuen Weltrekord konnten am Wochenende 1285 Spielerinnen und Spieler beim großen Fußballturnier in der Allianz-Arena feiern.

Die Kicker waren zwischen 15 und 55 Jahre alt. Die Teilnahme am Turnier kostete 5 Euro. Mit dem Geld, insgesamt 6425 Euro, möchte der Klub Sport-AGs an Schulen fördern.

Allianz-Arena in München

1. Wie lange hat das Turnier gedauert? _____

2. Wie viele Spieler haben mitgemacht? _____

3. Wie viele Tore haben die Spieler geschossen? _____

4. Wie viel Geld hat der Klub am Ende bekommen? _____

↓ NACH AUFGABE 8 |

12 **Was passt nicht? Streiche durch.**

1. Medien: Digitalkamera — ~~Schlüssel~~ — Laptop — Lautsprecher

2. Wohnung: Möbel — Waschmaschine — Radweg — Flur

3. Sprache: Wörterbuch — Lateinisch — Schlange — Wort

4. Sport: Mountainbike — Fieber — Boot — Surfbrett

13a Schau die Bilder an und lies die Sätze. Ordne zu.

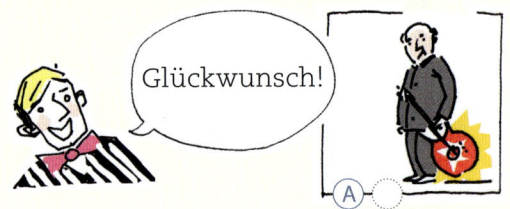   

Glückwunsch!

A ○ B ○ C ○ D 1

1. Das Mädchen hat einen <u>tollen</u> Laptop bekommen.
2. Die Frau hat ein schönes Boot gewonnen.
3. Der Mann nimmt eine coole Gitarre mit.
4. Der Junge hat große Lautsprecher gewonnen.

b Unterstreiche in 13a die Adjektive und ergänze die Tabelle.
Schreib die Adjektivendungen in den Artikelfarben.

unbestimmter Artikel + Adjektiv im Akkusativ		
einen	*tollen*	Laptop
ein		Boot
eine		Gitarre
–		Lautsprecher

(!) Akkusativ maskulin: *einen toll**en***

Alle anderen Formen sind im
Akkusativ und im Nominativ gleich.

14 Ergänze die Adjektivendungen. Kreuze dann an und ergänze selbst ein Beispiel.

1. Was trinkst du morgens gern?
   ○ Einen warm*en* Kakao. ○ Eine heiß......... Milch. ○ Ein kalt......... Mineralwasser.

   _____

2. Was schaust du am liebsten?
   ○ Einen lustig......... Film. ○ Romantisch......... Serien. ○ Eine spannend......... Quiz-Sendung.

   _____

3. Was machst du in den Ferien am liebsten?
   ○ Eine schön......... Reise. ○ Ein interessant......... Praktikum. ○ Einen toll......... Sprachkurs.

   _____

↓ NACH AUFGABE 9 |

15 Was hast du heute angezogen?
Schreib in dein Heft.

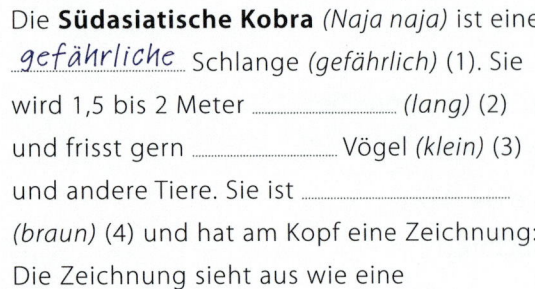

Heute habe ich eine gestreifte
Hose, ... angezogen

16 Ergänze die Adjektive in der richtigen Form.

Die **Südasiatische Kobra** *(Naja naja)* ist eine
gefährliche Schlange *(gefährlich)* (1). Sie
wird 1,5 bis 2 Meter .... *(lang)* (2)
und frisst gern .... Vögel *(klein)* (3)
und andere Tiere. Sie ist ....
(braun) (4) und hat am Kopf eine Zeichnung:
Die Zeichnung sieht aus wie eine

.... Brille *(groß)* (5), deshalb hat die
Schlange auch den .... Namen
(lustig) (6) „Brillenschlange". Die Schlange
kann gut schwimmen, aber auch klettern.
Das .... Tier *(interessant)* (7)
lebt in Indien, Sri Lanka, Pakistan und
Bangladesch.

NACH AUFGABE 10 |

17 **Was passt? Ergänze.**

> Grundschule × Gewinn × ~~Millionärin~~ × Lotto × Rentnerin × Tierschutzverein

1. Diese Frau hat sehr viel Geld. Das ist eine _Millionärin_ .
2. Dort passt man auf, dass es den Tieren gut geht. Das ist ein _____.
3. Mit diesem Zahlenspiel kann man viel Geld gewinnen. Das Spiel heißt _____.
4. Die Kinder gehen dort in die Klassen 1 – 4. Das ist die _____.
5. Diese Sachen oder dieses Geld hat man gewonnen. Das ist der _____.
6. Diese Frau bekommt Geld, weil sie lange gearbeitet hat. Das ist eine _____.

18 **Was ist richtig? Unterstreiche.**

1. ● Wir danken / fragen euch, dass ihr so schön mitgemacht habt!
2. ■ Unsere Schule hat Geld gesammelt und zeigt / spendet es jetzt kranken Kindern.
3. ▼ Ich mache mit Sarah kein Projekt mehr. Ich habe die ganze / schnelle Arbeit allein gemacht.
4. ◆ Die Reise war langweilig / wunderbar . Wir haben so viel gesehen!

 NACH AUFGABE 11 |

GRAMMATIK

19a **Was passt? Ordne die Sprechblasen zu.**

② Gib dem Jungen sofort den Ball zurück.

① Siehst du den Jungen dort? Er ist neu in der Schule.

b **Unterstreiche das Wort _Junge_ in 19a. Ergänze dann die Tabelle und die Regel.**

Nomen: n-Deklination		
	Singular	Plural
Nominativ	der Junge	die Jungen
Akkusativ	den Junge___	die Jungen
Dativ	dem Junge___	den Jungen

> (!) der Mensch
> den (dem, die) Mensch*en*
> auch so: der Student

genauso: der Name, der Nachbar, der Kollege, der Herr (Plural: die Herr*en*)

> In der *n*-Deklination bekommt das Nomen
> in allen Formen die Endung _____ oder _-en_ ,
> (!) Ausnahme: Nominativ Singular

> Zur *n*-Deklination gehören nur maskuline Nomen.

20 Ergänze die Endung -(e)n, wo nötig.

1. ■ Schau mal, der Junge_____ da kann aber gut tanzen!

2. ◆ Man kann den Name_____ auf dem Brief überhaupt nicht lesen.

3. ● Der größte Mensch_____ auf der Welt ist 2,51 Meter groß.

4. ■ Opa trifft sich einmal in der Woche mit einem alten Kollege_____.

5. ▼ Was erzählt Fanny denn da? Das interessiert doch keinen Mensch_____!

21 Ergänze die Nomen in der richtigen Form.

1. ● Ist Maria verliebt? ■ Ja, sie hat auf dem _Fest_____ (Fest) einen sehr netten

_____ (Student) kennengelernt.

2. ▲ Entschuldigung, kannst du mir deinen _____ (Name) noch mal sagen?

Ich habe ihn nicht verstanden. ■ Ich heiße Nathaniel, aber nenn mich einfach „Nat".

3. ◆ Wie geht es denn eurem _____ (Nachbar)? Er hatte doch einen

_____ (Unfall). ■ Es geht ihm schon wieder ganz gut.

Der _____ (Unfall) war nicht so schlimm.

4. ■ Was ist denn mit dem kleinen _____ (Junge) los? Warum weint er denn so?

◆ Er wollte ein _____ (Eis), aber sein _____ (Vater) hat „Nein" gesagt.

5. ● Ich suche einen schönen Schal. ▼ Ja, gern. Ist er für eine Dame oder für einen

_____ (Herr)?

AUSSPRACHE

22 bst – gst – ngst – lst – rst: **Hör zu und sprich nach.**

16))

bst [wie pst]	→	du glau**bst**	am lie**bst**en	Her**bst**	sel**bst**
gst [wie kst]	→	du lie**gst**	du ma**gst**	du zei**gst**	du fra**gst**
ngst	→	A**ngst**	du bri**ngst**	du hä**ngst**	du fä**ngst** an
lst	→	du spie**lst**	am coo**lst**en	du ma**lst**	am schne**llst**en
rst	→	Wu**rst**	du hö**rst**	der e**rst**e	am teue**rst**en

23 Was hörst du? Kreuze an.

17))

	bst [wie pst]	gst [wie kst]	ngst	lst	rst
1.	○	○	○	○	○
2.	○	○	○	○	○
3.	○	○	○	○	○
4.	○	○	○	○	○
5.	○	○	○	○	○
6.	○	○	○	○	○
7.	○	○	○	○	○
8.	○	○	○	○	○

24 Zungenbrecher:
Hör zu und sprich nach.

18))

Sebastian Gerstmann isst im Herbst nur das teuerste Obst und jeden Donnerstag und Samstag am liebsten Wurst.

Das sind deine Wörter!

das Quiz, - .... Sofies Vater ist in einer ~sendung.

die Sendung, -en .... ◆ Welche ~ schaust du am liebsten?
▼ Ich schaue am liebsten Quiz~.

die Serie, -n .... ■ Jeden Dienstag kommt meine
Lieblings~ im Fernsehen.

beantworten .... Sofies Vater ~ die 16000-Euro-Frage ~.
(Perfekt)

mit|spielen .... Sofies Vater ~ in einer Quizsendung ~.

weiter|machen .... Sofies Vater möchte auch die nächste
Frage beantworten. Er möchte ~.

auf|hören .... ↔ weitermachen

der Joker, - ....

die Kobra, -s ....

die Schlange, -n .... Eine Kobra ist eine ~.

Lateinisch .... Früher haben die Leute in Italien ~
gesprochen und geschrieben.

der Moderator, -en /
die Moderatorin, -nen .... Der ~ macht eine witzige Sendung.

gratulieren .... Der Moderator ~ Sofies Vater:
Glückwunsch!

trotzdem .... Sofies Vater hat keinen Joker mehr,
~ macht er weiter.

tausend .... = 1000

> Wenn vor *hundert* oder *tausend* eine höhere Zahl steht, sagst
> du *einhundert* oder *eintausend*, zum Beispiel: *tausendeinhundert*.

die Million, -en .... = 1000 000

der Radweg, -e .... Die Straße ist sehr gefährlich, aber zum
Glück gibt es einen ~. Dort kann man
mit dem Fahrrad fahren.

das Wörterbuch, ¨er .... ● Wie heißt das auf Englisch?
■ Warte, ich schaue im ~ nach.

die Möbel (nur Pl.) .... In der Wohnung stehen viele ~: Tische,
Stühle, ein Bett ...

die Designer-Möbel
(nur Pl.)

der Fotokurs, -e ....

> *Foto + Kurs = der Fotokurs*

bequem .... Das Sofa ist sehr ~.

die Waschmaschine, -n .... ● So ein Mist, an meiner Hose ist
Schokolade.
■ Kein Problem. Wir haben eine ~. Und
du kannst eine Hose von mir haben.

🌐 das Mountainbike, -s ....

der Tanzkurs, -e ....

▼ Magst du tanzen?
▲ Ja, ich mache auch einen ~.

das Boot, -e ....

🌐 die Digitalkamera, -s ....

> Trenne zusammengesetzte Wörter:
> Welche Teile kennst du schon?
> *der Lautsprecher = laut + sprechen*

die Lautsprecher (nur Pl.) ....

das Lotto (nur Sg.) ....

🌐 (der) Millionär, -e /
(die) Millionärin, -nen ....

Sie hat eine Million Euro im Lotto gewonnen. Jetzt ist sie ~.

(der) Rentner, - /
(die) Rentnerin, -nen ....

■ Mein Opa hat vierzig Jahre gearbeitet, jetzt ist er ~.

der Gewinn, -e ....

> *gewinnen → der Gewinn*

der Tierschutzverein, -e ....

Der ~ hilft Tieren.

spenden ....

Sie braucht das Geld nicht, deshalb ~ sie es einem Tierschutzverein.

die Grundschule, -n ....

Die Kinder in der ~ sind 6 – 10 Jahre alt.

danken ....

= Danke sagen

wunderbar ....

= super, toll

nennen ....

● Ich heiße Nataniel, aber ~ mich einfach Nat.

🔄 *Erinnerst du dich?*
Möbel

das Bett, -en

der Sessel, -

der Teppich, -e

der Stuhl, ¨e

der Spiegel, -

das Sofa, -s

der Schreibtisch, -e
der Tisch, -e

der Schrank, ¨e

der Kühlschrank, ¨e

das Regal, -e

Machen wir etwas zusammen?

↓ NACH AUFGABE 2 ▎

1a **Welches Verb passt? Ordne zu.**

shoppen ✕ backen ✕ mitbringen ✕ fahren ✕ ~~organisieren~~ ✕ spielen ✕ grillen

1. einen Ausflug — eine Radtour — ein Picknick: *organisieren*
2. Lautsprecher — Schwimmsachen und ein Handtuch — eine Decke: ....
3. Fleisch — Würstchen — Hähnchen: ....
4. Fußball — Basketball — Volleyball: ....
5. in der Stadt — im Kaufhaus — in den Geschäften: ....
6. ins Schwimmbad — zum See — in die Stadt: ....
7. einen Kuchen — Brötchen — eine Torte: ....

b **Was machen Sofie und ihre Freunde am Wochenende? Schreib fünf Sätze mit den Wörtern aus 1a in dein Heft.**

> 1. Sofie und ihre Freunde organisieren am Wochenende ...

2a **Was brauchst du? Ordne zu. Schreib die Wörter mit Artikel.**
Du kannst die Wörter auch öfter verwenden oder weitere Wörter ergänzen.

Handtuch • Gitarre • Kuchen • Bikini • Gabel • Lautsprecher • Cola • MP3-Player • Decke • Kopfhörer • Badehose • Nudelsalat • Schwimmsachen • Mikrofon • Rucksack • ...

A

B

C

D

schwimmen gehen

eine Radtour mit Picknick machen

Musik hören

Musik machen

ein Handtuch,

b **Schreib dann vier Sätze in dein Heft.**

> A. Wenn ich schwimmen gehe, brauche ich ein ..., ...

↓ NACH AUFGABE 3 |

GRAMMATIK

3a **Was ist höflicher: ⓐ oder ⓑ? Lies die Sätze und kreuze an.**

1. ⓐ ● <u>Könntest du</u> bitte deine Gitarre mitbringen?
   ⓑ ● Bring deine Gitarre mit!

2. ⓐ ◆ Wann machen Sie denn endlich Kaffee, Frau Salberger?
   ⓑ ◆ Könnten Sie bitte Kaffee machen, Frau Salberger?

3. ⓐ ■ Wir könnten vielleicht eine Decke und ein Frisbee mitnehmen. Was meinst du?
   ⓑ ■ Wir nehmen eine Decke und ein Frisbee mit. Ist das klar?

4. ⓐ ◆ Ich könnte die Twilight-DVD mitbringen. Das ist mein Lieblingsfilm.
   ⓑ ◆ Ich bringe meinen Lieblingsfilm mit. Den schauen wir dann an.

b **Unterstreiche in 3a die Formen von _können_ und ergänze die Tabelle.**

	Konjunktiv II: können
ich	
du	_könntest_
er/es/sie	_könnte_
wir	
ihr	_könntet_
sie/Sie	

> Der Konjunktiv II von _können_ ist wie das Präteritum.
> Du musst nur das _o_ durch ein _ö_ ersetzen:
> _ich konnte → ich könnte_

4 **Schreib höfliche Bitten und Vorschläge in dein Heft.**

1. ihr: bitte etwas früher kommen
2. Sie: diese Aufgabe bitte noch einmal erklären
3. du: bitte deine Schwimmsachen mitbringen
4. wir: an den See fahren
5. du: deinen Ball mitnehmen

> _1. Könntet ihr bitte etwas früher kommen?_

> Mit _könnt-_ kannst du höflich bitten oder Vorschläge machen.

5 **Lies die SMS und mach Vorschläge wie im Beispiel. Schreib in dein Heft.**

Mist, so ein blödes Wetter! 🌧

Was machen wir denn heute?

A. Wir könnten zum Beispiel ins Kino gehen.

Ⓐ

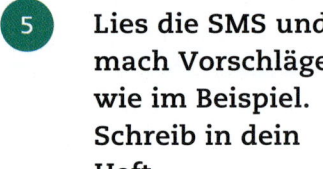

Ⓑ

Ⓒ

Ⓓ

Ⓔ

Ⓕ

NACH AUFGABE 4

GRAMMATIK

6a Was passt zusammen? Verbinde.

1. Das Kind gibt
2. Die Lehrerin erklärt
3. Der Tourist kauft
4. Die Frau zeigt

a) den Schülern die Matheaufgaben.
b) seiner Mutter einen Ball.
c) dem Fahrradfahrer den Weg.
d) seiner Frau ein Geschenk.

b Schreib die Sätze aus 6a in das Schema.

Wer?		Dativ Wem?	Akkusativ Was?
Das Kind	gibt	seiner Mutter	einen Ball.

c Lies noch einmal die Sätze in 6a und unterstreiche die Verben wie im Beispiel. Ergänze dann die Regel und unterstreiche.

Diese Verben können eine Dativ- und eine Akkusativ-Ergänzung haben:
geben , _____ , _____ ,
schenken , (mit)bringen , erzählen , schicken , …
Der Dativ steht vor / nach dem Akkusativ.

> Der Dativ ist oft eine Person.

7a Schreib die Sätze richtig.

1. Sofie schreibt ihren Freunden eine SMS.
   (eine SMS — schreibt — ihren Freunden — Sofie)

2. _____
   (erklärt — den Weg zum See — den Touristen — Jonas)

3. _____
   (ihrer Freundin — bringt — Anna — mit — ein Handtuch)

4. _____
   (Luisa — die Lautsprecher — ihren Freunden — zeigt)

5. _____
   (den Ball — die Jugendlichen — geben — dem Kind)

b Markiere in den Sätzen in 7a: Wer? Wem? Was?

8a Wer hat wem was zum Geburtstag geschenkt? Schreib fünf Sätze in dein Heft.

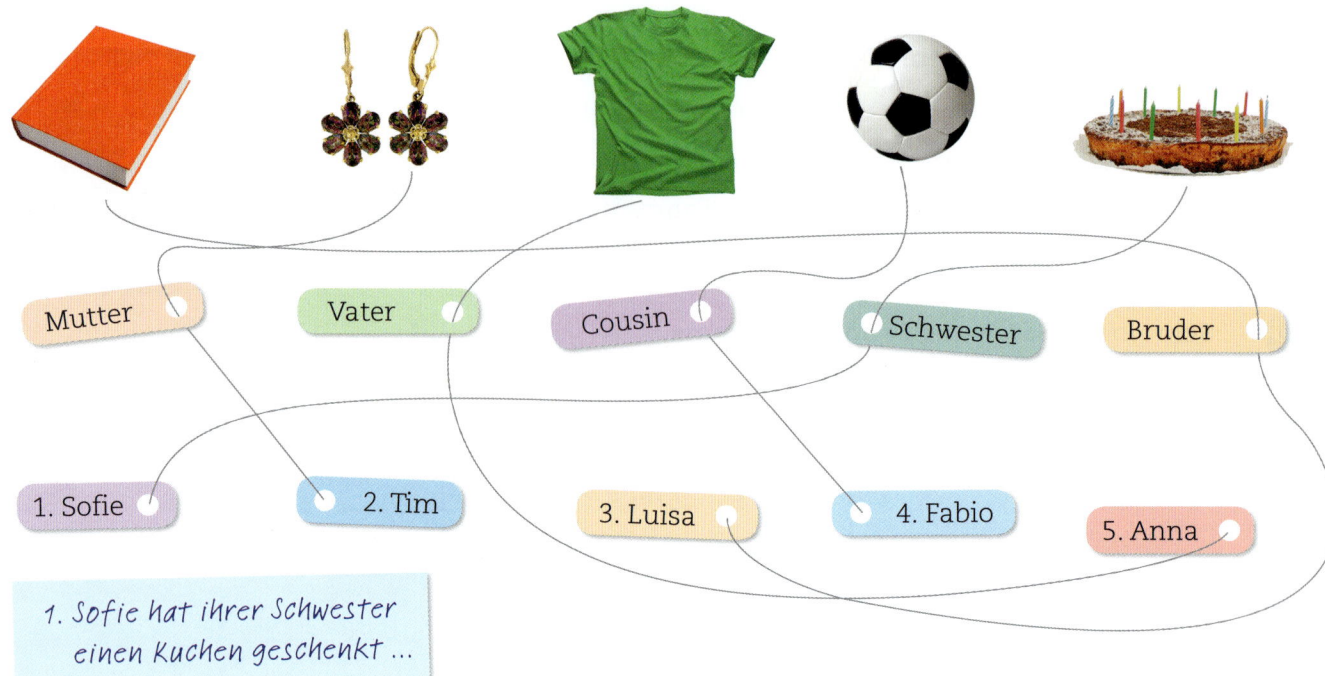

Mutter Vater Cousin Schwester Bruder

1. Sofie 2. Tim 3. Luisa 4. Fabio 5. Anna

> 1. Sofie hat ihrer Schwester einen Kuchen geschenkt ...

b Und wie ist es in deiner Familie und bei deinen Freunden?
Was hast du ihnen zum Geburtstag geschenkt? Schreib in dein Heft.

> Ich habe meinem Vater ... geschenkt.

NACH AUFGABE 7 |

9 Was kann man in diesen Situationen sagen? Ergänze.

Situation 1:
Jemand spricht sehr schnell auf Deutsch. Man versteht ihn schlecht.

| langsam und deutlich sprechen ✕ dich nicht ✕ ~~sehr schnell~~ ✕ nicht so gut Deutsch |

1. ◆ Entschuldigung, du sprichst / Sie sprechen _sehr schnell_ .
2. ◆ Entschuldigung, ich spreche _____ .
3. ◆ Kannst du / Können Sie bitte _____ ?
4. ◆ Tut mir leid, ich verstehe _____ .

Situation 2:
Jemand fragt: „Wie heißt das auf Deutsch?". Du hilfst und antwortest.

| leider auch nicht ✕ ein Wörterbuch ✕ das heißt ... |

1. ◆ Ich glaube, _____ .
2. ◆ Moment, hier ist _____ , ich schaue mal nach.
3. ◆ Das weiß ich _____

10 Du besuchst eine deutsche Schule. Schau das Bild an und schreib einen Dialog in dein Heft.

11 **Was passt? Kreuze an.**

1. ▼ Und? Treffen wir uns morgen um drei Uhr in der Stadt?
   ◆ Geht es vielleicht auch etwas später? Ich muss unbedingt … noch Hausaufgaben machen.
   ⓐ also   ⓑ vorher   ⓒ jetzt

2. ● Warum hattest du denn so große Angst?
   ■ Na ja, ist doch klar! Plötzlich hat jemand laut … und dann war da dieser große Hund hinter mir!
   ⓐ geschlafen   ⓑ gerufen   ⓒ gedacht

3. ◆ Hey, Jule, was ist? Gehen wir? Wir sind um vier mit Xaver verabredet.
   ● Ja, ja, ich komme … Ich suche nur noch meine Jacke.
   ⓐ gleich   ⓑ plötzlich   ⓒ also

4. ▼ Warte, ich muss noch mein Portemonnaie finden. Wie viel kostet das Kino?
   ● Kein Problem. Ich habe … Geld für uns beide.
   ⓐ wenig   ⓑ genug   ⓒ kein

5. ▲ Rieke, was ist denn? Warum ziehst du deine Jacke an?
   ◆ Tut mir leid, ich muss … echt gehen. Es ist schon so spät. Meine Eltern schimpfen schon, wenn ich nur zehn Minuten zu spät komme.
   ⓐ vorher   ⓑ gar nicht   ⓒ jetzt

12 **Wie kann man es auch sagen? Ersetze die markierten Wörter und schreib die Sätze neu.**

perfekt ✕ sympathisch ✕ herrlich

1. Dein Französisch ist (wirklich sehr gut) .

   → ....

2. So ein (schöner) Tag!

   → ....

3. Den neuen Klavierlehrer von meiner Mutter finde ich (nett) .

   → ....
   ....

NACH AUFGABE 9

SCHREIBTRAINING

13a Eine persönliche E-Mail schreiben. Lies zuerst die Situation.

Situation:
Deine Klasse nimmt an einem E-Mail-Projekt mit einer Partnerschule in Österreich teil.
Das Thema ist „Meine Sommerferien". Deine E-Mail-Partnerin heißt Sylvie.

b Die Anrede: Wie kannst du anfangen? Kreuze an. Es gibt mehrere Möglichkeiten.

- ⭘ Liebe Sylvie,
- ⭘ Sehr geehrte Sylvie,
- ⭘ Guten Tag!
- ⭘ Sylvie,
- ⭘ Hallo Sylvie,
- ⭘ Grüß Gott!

c Der Gruß am Schluss: Wie kannst du aufhören? Kreuze an. Es gibt mehrere Möglichkeiten.

- ⭘ Tschüss, Dein/e
- ⭘ Auf Wiedersehen
- ⭘ Viele Grüße
- ⭘ Mit freundlichen Grüßen
- ⭘ Bis bald
- ⭘ Herzliche Grüße

d Der Inhalt: Mach Notizen zu diesen Punkten in dein Heft.

- Wie lange hast du Sommerferien?
- Wohin fährst du / Wo bist du?
- Mit wem fährst du?
- Was machst du da am liebsten?

> Diese Satzanfänge helfen dir:
> *Unsere Sommerferien dauern …*
> *Meine Familie …*
> *Deshalb fahren wir …*
> *Da gibt es …*
> *Am liebsten …, weil …*
> *Manchmal bleiben wir auch …*
> *Vielleicht …*

e Schreib dann eine E-Mail an Sylvie in dein Heft.

AUSSPRACHE

14 Satzmelodie bei Aufforderungen:
Hör zu und sprich nach.
Du wirst immer höflicher.

> Satzmelodie bei Aufforderungen:
> Imperativ: ⟶ , Frage: ⟶

1. Komm etwas früher!   Komm bitte etwas früher!   Könntest du bitte etwas früher kommen?

2. Erklären Sie die Regel!   Erklären Sie bitte die Regel!   Könnten Sie bitte die Regel erklären?

15 Sprich Sätze wie in 14.

1. Nimm eine Decke mit!
2. Schicken Sie eine E-Mail an Frau Schack!
3. Ruf Carla an!

> Nimm eine Decke mit!
> Nimm bitte …
> Könntest du …

16 Schreibt zu zweit höfliche Aufforderungen und spielt in der Klasse.

> Elisa, könntest du bitte meine Hausaufgaben machen?

> Manuel, könntest du morgen bitte um fünf Uhr aufstehen?

Das sind deine Wörter!

das Frisbee, -s 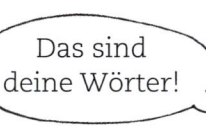 ....

könnt- (du könntest, er/es/sie könnte) ....

> Mit *könnt-* kannst du höflich bitten oder Vorschläge machen

■ Wir ~ am Wochenende einen Ausflug machen.
▲ Das ist eine gute Idee. Und ich ~ meinen Volleyball mitbringen.

der Nudelsalat, -e ....

> *Nudel* + *Salat* = der *Nudelsalat*

die Schwimmsachen (nur Pl.) ....

= Bikini, Badehose, …

die Decke, -n ....

die Radtour, -en ....

= ein Ausflug mit dem Fahrrad

der Weg, -e ....

◆ Entschuldigung, ich suche das Kino. Können Sie mir den ~ zeigen?

Sagen, dass man etwas nicht verstanden hat und jemanden bitten, langsamer zu sprechen

◆ Entschuldigung, ich verstehe dich nicht. Ich spreche nicht so gut Deutsch. ....

◆ Du sprichst sehr schnell. Kannst du bitte langsam und deutlich sprechen? ....

◆ Entschuldige, wie heißt das auf Deutsch? ....

▲ Das weiß ich leider auch nicht. Aber Moment, hier ist ein Wörterbuch. ....

▲ Ich glaube, das heißt ....

---

vorher .... Anna wohnt in Köln. ~ hat sie in München gewohnt.

🌐 perfekt .... Lilian wohnt in Kanada. Sie spricht ~ Englisch.

herrlich .... = wunderbar, toll

plötzlich .... ◆ ~ war der Hund hinter mir. Ich hatte große Angst.

rufen (hat gerufen) .... ■ Wir waren am See und plötzlich war da ein Hund. Dann ~ wir laut ~ und der Hundebesitzer ist gekommen. *(Perfekt)*

genug .... ● Das Eis kostet 2 Euro. Ich habe ~ Geld.
Ich kann es zahlen.

gleich .... = sofort

 Erinnerst du dich?
einen Ausflug machen / in den Urlaub fahren

 ein Picknick machen
....

 zum See fahren / gehen
....

 eine Decke mitbringen
....

 angeln gehen
....

 Volleyball spielen
....

 schwimmen gehen
....

 in den Wald fahren / gehen
....

 auf eine Insel fahren
....

 an den Fluss fahren / gehen
....

 ans Meer / an den Strand fahren / gehen
....

 in die Stadt fahren / gehen
....

Lesen

1a Lies den Text. Wo passen die Überschriften A–D? Ordne zu.

Ⓐ **Deutschlands größter Wettbewerb für Schülerbands**

Ⓒ **Musik an Schulen**

Ⓑ **Üben, üben, üben**

Ⓓ **So sehen Gewinner aus**

Lust auf Musik: Schülerbands

① ◯ „Früh übt sich, wer ein Meister werden will." Dieses Motto passt auch zur Musik, denn die meisten berühmten Musiker haben schon als Kind Musik gemacht. Wenn jemand ein Instrument wirklich sehr gut spielen will, dann muss er schon sehr jung anfangen und viel üben.

5 ② ◯ Auch an deutschen Schulen gibt es das Fach Musik von Anfang an. Zuerst singen die Schüler im Musikunterricht. Später lernen sie Noten und Musikgeschichte und spielen vielleicht sogar ein Instrument. Die meisten Schulen bieten auch Musik-AGs an, z.B. einen Chor, ein Orchester oder Schülerbands. Und die 10 große Chance für eine Schülerband sind Bandwettbewerbe, auch *Bandcontests* genannt.

③ ◯ Der wichtigste Wettbewerb für Schülerbands in Deutschland ist der *SchoolJam*. Jede Schülerband in Deutschland kann mitmachen. Wichtig: Alle Bandmitglieder müssen noch zur Schule gehen. Eine Jury wählt zuerst in zwölf verschiedenen deutschen Städten die 15 besten Bands aus. Im Internet kann jeder abstimmen, welche Gruppe am großen Finale in Frankfurt teilnehmen darf. Die Gewinner treten dann auf bekannten deutschen Musikfestivals auf, manchmal auch im Ausland.

④ ◯ Ein gutes Beispiel ist die Schülerband *Casting Boys*. Die 20 Gruppe war erst ein Jahr zusammen, als sie den *SchoolJam* gewonnen hat. Seitdem hatten die vier Jungs aus Norddeutschland schon Konzerte in England, China und den USA und haben sogar eine eigene CD gemacht.

b Lies den Text noch einmal. Was ist richtig?

> Notiere zuerst im Text, wo du die Antworten findest. Kreuze dann an.

1. Wenn Musiker sehr gut werden wollen,
   - ⓐ brauchen sie einen berühmten Lehrer.
   - ⓑ fangen sie am besten als Kind an.
   - ⓒ lernen sie zwei oder drei Instrumente.

2. In deutschen Schulen
   - ⓐ haben alle Schüler Musikunterricht.
   - ⓑ lernen alle Schüler ein Instrument.
   - ⓒ singen alle Schüler in einem Chor.

3. Die Teilnehmer bei *SchoolJam* müssen
   - ⓐ aus Frankfurt kommen.
   - ⓑ einen Song ins Internet stellen.
   - ⓒ Schüler sein.

4. Die Gruppe *Casting Boys*
   - ⓐ ist Gewinner des *SchoolJam*.
   - ⓑ macht keine CDs.
   - ⓒ spielt erst ein Jahr zusammen.

Hören

2 Was haben Leas und Toms Freunde am Wochenende gemacht? Schau die Bilder an und hör das Gespräch. Ordne dann zu.

> In dieser Aufgabe sind die Namen und Aktivitäten wichtig: Wer hat was gemacht? Überlege vor dem Hören: Welche Wörter könnten zu den Bildern passen? Achte beim Hören auf diese Signalwörter.

1. Tom   2. David   3. Lea   4. Felix   5. Marie   6. Emma
_A_   ....

Sprechen

3a Wie sehen deine Traumferien aus? Beantworte die Fragen und mach Notizen in dein Heft.

Wie lange?
Was?
Wann?
Wohin?
Mit wem?

b Erzähl deiner Partnerin / deinem Partner von deinen Traumferien.

Mach die Übungen. Schau dann auf S. 94 und kontrolliere.
Kreuze an: ☺ *Das kann ich sehr gut!* / 😐 *Das geht so.* / ☹ *Das muss ich noch üben.*

1 Was sagst du zu deinem Freund? Schreib Sätze.

Er hat Fieber: *Wenn*_____ ,

*dann*_____ .

Er versteht Mathe nicht: _____ ,

_____ .

Ich kann eine Bedingung nennen. ☺ 😐 ☹

2 Deine Freundin hat ihr Handy verloren. Was sagst du?

_____

_____

Ich kann Mitgefühl ausdrücken. ☺ 😐 ☹

3 Deine Eltern haben im Lotto gewonnen. Was wünschst du dir?

*Ich*_____

_____

Ich kann Wünsche ausdrücken. ☺ 😐 ☹

4 Du möchtest mit deiner deutschen Austauschpartnerin / deinem deutschen Austauschpartner das Wochenende planen. Mach Vorschläge.

_____

_____

Ich kann Vorschläge machen. ☺ 😐 ☹

5a Du wohnst bei einer deutschen Gastfamilie. Wie bittest du höflich?

Du möchtest mit deinen Eltern skypen. _____

Du brauchst einen Stadtplan. _____

Du hast noch Durst. _____

Ich kann höflich bitten. ☺ 😐 ☹

b Du hast einen Satz nicht verstanden und möchtest, dass deine deutsche Austauschpartnerin / dein deutscher Austauschpartner langsamer spricht. Was sagst du?

_____

_____

Ich kann sagen, dass ich etwas nicht verstanden habe und jemanden bitten, dass sie/er langsamer spricht. ☺ 😐 ☹

Die Sonnenfinsternis

↓ NACH AUFGABE 2

1a **Lies die Sätze und ordne die Bilder zu.**

1. ◯ Ein Reporter schreibt, dass man die Sonnenfinsternis in
   Bonn am besten sehen kann.

2. ◯ In der Zeitung steht, dass es am Sonntag eine Sonnenfinsternis gibt.

b **Ergänze *steht* oder *schreibt*.**

1. Im Text _steht_____, dass Alexander der Große auch in Ägypten war.

2. Marie _____ einen Aufsatz.

3. ◆ Was _____ Paul denn? ■ Dass er am Sonntag kommt.

4. ● Weißt du, was hier _____? Eine Sonnenfinsternis gibt es
   nur einmal in 375 Jahren am selben Ort.

5. ■ _____ auf der Homepage, wann Lady Gaga wieder ein Konzert gibt?

6. Sara _____ immer in ein rotes Heft, welche Hausaufgaben sie aufhat.

> Übersetze die
> Sätze 1 und 2:
> Wie sagt man
> *steht* und *schreibt*
> in deiner Sprache?

↓ NACH AUFGABE 4

GRAMMATIK

2a **Was passt zusammen? Verbinde.**

1. Ich möchte wissen, <u>was</u> bei einer
   Sonnenfinsternis <u>passiert</u>.
2. Ich habe keine Ahnung, wie oft es
   eine totale Sonnenfinsternis gibt.
3. Erklär mir doch bitte, warum es
   Sonnenfinsternisse gibt.
4. Hast du eine Idee, wie lange eine
   Sonnenfinsternis dauert?
5. Wer hat als Erster gewusst, wann
   es eine Sonnenfinsternis gibt?

ⓐ Thales von Milet
   im Jahr 585 v. Chr.*
ⓑ Weil der Mond vor
   der Sonne steht.
ⓒ Ein paar Minuten.
ⓓ Einmal oder zweimal im Jahr.
ⓔ Es wird dunkel und still.

* v. Chr. = vor Christus

b **Lies Satz 1 aus 2a noch einmal und ergänze.**

	Fragewort		Ende
direkte Frage	Was	passiert bei einer Sonnenfinsternis?	
indirekte Frage	Ich möchte wissen, _____	bei einer Sonnenfinsternis	_____.

c **Lies noch einmal die Sätze in 2a und unterstreiche die <u>Fragewörter</u> und die <u>Verben</u> in den indirekten Fragen. Lies dann die Regel und ergänze.**

> Der Nebensatz in der indirekten Frage beginnt mit dem _____.
> Das konjugierte Verb steht am _____.

3 **Wiederhole die Frage. Schreib indirekte Fragen.**

1. ● Wer hatte die Idee für diesen Ausflug? ▲ Was hast du gefragt?

   ● *Ich habe gefragt, wer* _____ .

2. ● Wie viele Leute kommen eigentlich mit? ▲ Wie bitte?

   ● *Ich wollte wissen,* _____ .

3. ● Was muss ich mitbringen? ▲ Entschuldigung, ich habe dich nicht verstanden.

   ● *Weißt du,* _____

   _____ ?

   > Wenn die Einleitung eine Frage ist, *(zum Beispiel: Weißt du ... ?),* dann steht am Ende ein Fragezeichen.

4. ● Wie wird das Wetter am Wochenende?

   ▲ Kannst du das wiederholen?

   ● *Hast du eine Ahnung,* _____ ?

5. ● Warum fahren wir nicht mit den Fahrrädern? ▲ Wie bitte?

   ● *Sag mir doch,* _____ .

6. ● Warum hörst du mir nicht zu? ▲ Was hast du gesagt?

   ● *Ich habe gefragt,* _____ .

   ▲ Oh, Entschuldigung.

4 **Lies zuerst die Situation und schau die Bilder an. Lies dann die Fragen 1–8 und schreib indirekte Fragen in dein Heft.**

Situation:
Lena möchte eine Party machen. Ihre Freunde haben noch viele Fragen.
Am Abend ruft Lena ihre Cousine Olivia an und erzählt ihr alles.

Olivia   Lena

> (!) In der indirekten Frage musst du manchmal die Pronomen anpassen:
> Lukas: Was soll ich mitbringen?
> Lukas hat gefragt, was er mitbringen soll.

1. Lukas: Was soll ich mitbringen?
2. Anja: Wo findet die Party statt?
3. Mia: Wie lange dauert die Party?
4. Max: Wen hast du eingeladen?

5. Frieda: Wer fährt mit dem Bus nach Hause?
6. Paul: Wer möchte mit mir Getränke kaufen?
7. Sarah: Bis wie viel Uhr dürfen wir feiern?
8. Mirko: Mit welcher U-Bahn komme ich zu dir?

> 1. Lukas hat gefragt, was er mitbringen soll.
> 2. Anja wollte wissen, ...

NACH AUFGABE 6 ▎

5 **Beschrifte das Bild. Schreib die Wörter mit Artikel.**

Wind ✕ Wolke ✕ Sonne ✕ ~~Himmel~~ ✕ Schnee ✕ Regen

1. *der Himmel*   3. _____   5. _____

2. _____   4. _____   6. _____

6 **Ordne die Wörter.**

warm ✕ ~~kalt~~ ✕ kühl ✕ heiß

kalt _____   _____   _____

7 **Wie ist das Wetter? Schreib in dein Heft.**

A   B   C   D

A. Die S... und es ist ...

8a **Wo liegt das?**

1. Rostock *liegt im Norden von Deutschland* .

2. Stuttgart _____

_____ .

3. Köln _____

_____ .

4. Dresden _____

_____ .

5. Hamburg _____

_____ .

b **Wo wohnst du? Wo liegt das?**
Schreib in dein Heft.

NACH AUFGABE 7

GRAMMATIK

9a **Was machen die Jugendlichen? Verbinde.**

1. Luisa und Sofie sprechen   a) für ein Praktikum am Flughafen.

2. Sofie freut sich   b) beim Finale in Salzburg mit.

3. Jonas interessiert sich   c) über Fußball.

4. Fabio weiß viel   d) auf das Casting.

5. Tim beschäftigt sich viel   e) mit der Sonnenfinsternis.

6. Die Medien-AG macht   f) über die Medien-AG.

> Lern die Verben immer mit der Präposition und dem Fall (Dativ oder Akkusativ).

b **Unterstreiche in 9a die Verben, die Präpositionen und die Artikel. Ergänze dann die Tabelle.**

Verb + Präposition	
+ Akkusativ	+ Dativ
sprechen über	
sich freuen	

> Übersetze die Verben in deine Muttersprache.

10 **Ergänze die Präposition und den Artikel oder die Endung.**

1. ● Kommst du mit ins Kino? Interessierst du dich _für_ dies_en_ Film?

2. Ben beschäftigt sich nur _____ sein_____ Tieren. Er spricht immer nur

   _____ sein_____ Hund und sein_____ Pferd.

3. ◆ Noch zwei Tage!! Ich freue mich so _____ dein_____ Party.

4. ■ Wir wollen einen Film drehen mit dem Thema „Mein Lieblingssport".

   Machst du _____ d_____ Projekt mit?

5. ◆ Meine Schwester findet Robert Pattinson toll. Sie weiß einfach alles _____

   dies_____ Schauspieler.

6. ● Welchen Beruf möchtest du später haben? ▼ Hm, vielleicht Schauspieler.

   Ich interessiere mich _____ d_____ Theater.

7. ◆ Dieses Jahr gibt es coole AGs. Ich mache auf jeden Fall _____ d_____

   Schülerzeitung-AG mit.

NACH AUFGABE 10

11 **Zu welchem Thema passt das? Ergänze in dein Heft.**

Panne ✕ Regen ✕ Stern ✕ Planet ✕ Wind ✕ Schnee ✕ Wolke ✕
Sonnenfinsternis ✕ Mond ✕ Autobahn ✕ Motorrad ✕ Teleskop ✕ VW-Bus

Astronomie

Wetter

Straße

12a Ergänze die Verben im Perfekt. Achte auf *sein* und *haben*.

> geliehen ✕ ~~gefahren~~ ✕ gesehen ✕ abgeholt ✕ angekommen ✕ beeilt

Tim _ist_ am Sonntag mit dem Zug nach Bonn _gefahren_ (1). Sein Opa ....

ihn um 10 Uhr am Bahnhof .... (2). Auf der Autobahn hatte

der VW-Bus von Tims Opa eine Panne. Zum Glück .... ein Freund ihnen sein

Motorrad .... (3). Es war schon spät und sie ....

sich sehr .... (4). So .... sie kurz vor zwölf auf

dem Berg .... (5). Da .... sie die Sonnenfinsternis

.... (6).

b Unterstreiche in **12a** die Zeit und den Ort wie im Beispiel. Ergänze dann die Regel.

> Zuerst steht die .... , dann der ....

13 In welches Tor muss der Ball?

1. Tim ist [Tor] am Vormittag [Tor] gekommen.   ⚽ aus Köln

2. Tim hat die Sonnenfinsternis [Tor] kurz nach 12 [Tor] gesehen.   ⚽ in Bonn

3. Die Sterngucker sind [Tor] auf dem kleinen Berg [Tor] geblieben.   ⚽ von 11.30 bis 18.00

4. Tim hat [Tor] am Sonntag [Tor] geschlafen.   ⚽ bei seinem Opa

5. Er ist [Tor] nach Hause [Tor] gefahren.   ⚽ am nächsten Tag

14a Wenn du die Zeitangabe betonen möchtest, kannst du sie auch nach vorne stellen. Schreib die Sätze aus **13** noch einmal. Schreib in dein Heft.

> 1. Am Vormittag ist Tim aus Köln gekommen.
> 2. ...

b Verbinde die Wörter, sodass Sätze entstehen. Ergänze auch die Satzzeichen.

Nikolaus Kopernikus →	hat		in Krakau
	von 1491 bis 1494	studiert	
sein Onkel	geschickt	an die Universität Bologna	
	hat	Kopernikus	1496

15 Tim ist mit seinem Opa auf dem Berg und feiert mit den anderen Sternguckern. Er schreibt eine SMS an seine Mutter. Lies die Sätze seiner SMS (Sätze a–c) und ordne zu.

1. ◯ Tim entschuldigt sich, dass er später nach Hause kommt.
2. ◯ Er schreibt, warum.
3. ◯ Er informiert seine Mutter, mit welchem Zug er kommt.

a Ich nehme den Zug um 18:30 Uhr und bin um halb acht in Köln.

b Es tut mir leid, dass ich später komme.

c Opa, ich und die Sterngucker sind noch auf dem Berg, weil wir noch feiern. Wir grillen Würstchen.

16 Du bist mit deinen Eltern unterwegs und schreibst eine SMS an deine Freundin Maja / deinen Freund Ole.

- Entschuldige dich, dass du sie/ihn erst später besuchst.
- Schreib, warum.
- Informiere sie/ihn über die neue Uhrzeit.

17 n – r – l: Hör zu und sprich nach.

21))

n →	Sonne	Wind	Panne	Schnee	scheinen	von
r →	Regen	Rentner	rufen	brauchen	hören	rechts
l →	Himmel	kühl	Wolke	Blume	leihen	links

18a Hörst du n, l oder r? Ergänze.

22))

n oder l?

1. Wa____d – Wa____d
2. Zah____ – Zah____
3. ____eben – ____eben
4. ____acht – ____acht

r oder l?

5. ____egen – ____egen
6. Sch____ank – sch____ank
7. b____au – b____aun
8. ____eich – ____eicht

b Hör noch einmal, kontrolliere und sprich nach.

23))

19 Hör zu und sprich nach. Spielt dann den Dialog.

24))

■ Schönes Wetter heute!

◆ Schööönes Wetter?!?

■ Ja, dieser kühle Regen mit dem starken Wind aus Norden und die dunklen grauen Wolken am Himmel!

◆ Na ja, ich weiß nicht. Das ist doch schrecklich! Ich mag es lieber, wenn die Sonne scheint und der Himmel blau ist.

■ Sonne? Blauer Himmel? Wie langweilig!

Das sind deine Wörter!

die Sonnenfinsternis, -se ....

still .... ↔ laut

dunkel .... ↔ hell

die Ahnung, -en ....
- ● Hast du eine ~, wie lange die Sonnenfinsternis dauert?
- ■ Nein, keine ~.

stehen (hat gestanden) ....
- ▼ ~ in der Zeitung, wann man die Sonnenfinsternis sieht? ▲ Nein, aber vielleicht ~ etwas im Internet.

> Wenn du über einen Text sprichst, verwendest du *steht*.

---

das Wetter (nur Sg.) ....

die Sonne, -n    der Regen (nur Sg.)    der Schnee (nur Sg.)    der Wind, -e    die Wolke, -n

---

der Himmel (nur Sg.) ....
- ▼ Wie ist das Wetter bei dir in Köln?
- ● Schlecht! Es sind Wolken am ~ und es regnet ein bisschen.

windig ....

> der Wind → windig

schneien ....
Es ~.
= Es gibt viel Schnee.

scheinen (hat geschienen) ....
Heute ist das Wetter schön: Die Sonne ~.

kühl ....

> Lern das Adjektiv zusammen mit den Temperatur-Adjektiven, die du schon kennst.

heiß   warm   ~   kalt

bewölkt ....
Am Himmel sind viele Wolken. Es ist ~.

---

der Norden (nur Sg.) ....

der Westen (nur Sg.) ....   der Osten (nur Sg.) ....

der Süden (nur Sg.) ....

---

im + Norden / Osten / Süden / Westen von ....
Rostock liegt ~ Norden ~ Deutschland.

der Stern, -e ....

der Planet, -en ....

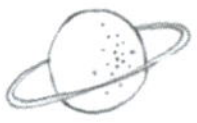

das Teleskop, -e

....

 (die) Astronomie (nur. Sg.)

....

◆ Ich interessiere mich für ~.
Ich habe sogar ein Teleskop und
schaue mir Sterne und Planeten an.

die Spezialbrille, -n

....

Tim möchte die Sonnenfinsternis sehen
und braucht eine ~.

der Berg, -e

....

Die Leute schauen die Sonnenfinsternis
auf einem kleinen ~ an.

sich interessieren für
+ *Akkusativ*

....

Tim ~ ~ ~ Astronomie.

sich beschäftigen mit
+ *Dativ*

....

Tim ~ ~ viel ~ den Sternen.

> Lern die Verben mit der Präposition und dem Fall.

die Autobahn, -en

....

Auf der ~ darf man schnell fahren.

der VW-Bus, -se

....

> VW = Volkswagen

die Panne, -n

....

Der VW-Bus hatte auf der Autobahn
eine ~. Er war kaputt.

das Motorrad, ̈er

....

leihen (hat geliehen)

....

Tim und sein Opa hatten keine
Spezialbrillen. Aber jemand ~ ihnen
zwei Brillen ~. *(Perfekt)*

sich beeilen

....

= etwas schnell machen
Tim und sein Opa ~ ~ ~ und sind
pünktlich auf dem Berg angekommen.
(Perfekt)

das Fenster, -

....

Anna hat am ~ gestanden und auf die
Straße geschaut.

🔄 *Erinnerst du dich?*
Die Verkehrsmittel

🌐 der Bus, -se   die Straßenbahn, -en   der Zug, ̈e   das Auto, -s   die U-Bahn, -en

....

🔄 *Erinnerst du dich?*

✂ ab|fahren
(❗ du fährst ab, er/es/sie fährt ab)

✂ an|kommen

✂ ab|holen

✂ um|steigen

Gute Ideen für die Umwelt!

LEKTION 35

NACH AUFGABE 2

1 **Was ist das? Schreib die Wörter richtig.**

● Wann habt ihr denn eure _Projekttage_ (GEJEKTPROTA) (1)?

◆ Nächste Woche. Unser Thema ist _____ (WELTUMSCHUTZ) (2).

● Das haben wir letztes Jahr auch gemacht. Es war eigentlich ganz interessant, aber am
Ende mussten wir alle einen Aufsatz schreiben, Titel: „Was können wir für unsere
_____ (WELTUM) (3) tun?"

◆ Ich finde das Thema eigentlich langweilig. Wir wissen doch,
dass wir weniger _____ (LÜLM) (4) produzieren
müssen und dass man sein altes Handy nicht einfach
_____ (FENWERWEG) (5) darf.

● Ja, aber du weißt bestimmt nicht, was man mit
_____ (FALLAB) (6) so alles machen kann!

2 **Was ist richtig? Unterstreiche.**

1. Leon holt seine Bücher aus der Bibliothek. So kann er Geld kaufen / <u>sparen</u> / warten .

2. Beim Kleiderkreisel Köln kann man Kleidung tauschen / wegwerfen / vorstellen .

3. ◆ Ihr habt noch fünf Minuten. Dann müsst ihr den Test nennen / fragen / abgeben .

4. ■ Moment! Ich muss noch nach Hause und meine Jacke geben / holen / warten !

5. ▲ Die Jacke bleibt / passt / liegt nicht mehr in den Rucksack. Ich muss sie in die Hand nehmen.

3 **Was passt? Ergänze.**

| nützlich ✕ sauber |
| praktisch ✕ leer |

1. ▲ Hat dir die Sendung zum Umweltschutz gefallen?

◆ Ja, besonders die Tipps. Sie sind sehr _nützlich_ .
So kann man wirklich etwas für die Umwelt tun.

2. ◆ Was ist mit der Dose hier?

■ Sie ist _____, du kannst sie wegwerfen.

3. ● Ist das Glas _____? ▲ Ja, ich habe es gerade aus dem Schrank geholt.

4. ■ Ich finde die neuen Smartphones überhaupt nicht _____, sie sind viel zu groß!

◆ Ja, das stimmt, aber für Fotos und Filme sind sie total cool!

NACH AUFGABE 5

4 **Ergänze die Verben in der richtigen Form.**

| putzen ✕ packen ✕ benutzen |

1. ▲ Habt ihr die Koffer schon _____? Wir müssen morgen ganz früh los.

2. ■ Hey, hast du wieder mein Handtuch _____? Ich mag das überhaupt nicht!

3. ◆ Psst, wir sind im Theater! Du kannst doch hier nicht so laut deine Nase _____!

5a **Schau das Bild an und lies die Frage. Was könnte das Mädchen antworten? Kreuze an. Es gibt mehrere mögliche Antworten.**

a ◆ <u>Seit einem Jahr</u>, glaube ich.

b ◆ Wir kennen uns jetzt seit zwei Monaten.

c ◆ Wir haben uns genau seit einer Woche und einem Tag nicht gesehen.

b **Unterstreiche in den Antworten in 5a die Satzteile mit seit und ergänze die Tabelle. Schreib die Endungen in den Artikelfarben.**

Präposition seit + Dativ		
Seit wann?	seit _____	Tag
	seit _einem_	Jahr
	seit _____	Woche
	seit (zwei, drei, ...)	Monate_____

Nur *ein, eine* bekommt eine Endung (seit <u>einem</u> Tag). Alle anderen Zahlwörter nicht (seit <u>zwei</u> Monaten).

6 **Lies das Interview und ergänze die Satzteile mit seit.**

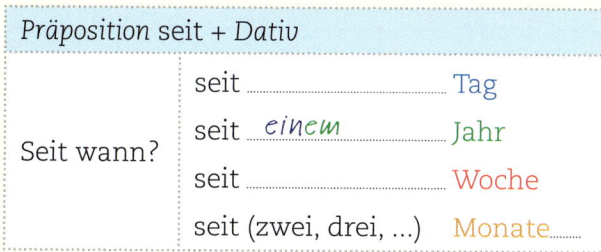

Reporter: Hallo, eure Schule tut ja ziemlich viel für die Umwelt: Ihr macht zum Beispiel ein Umwelt-Magazin und ihr habt einen Bastel-Blog. Seit wann gibt es das denn alles?

Sonia: Das Umwelt-Magazin ist neu, das gibt es jetzt _seit einem Monat_ (1 Monat) (1), aber unseren Bastel-Blog haben wir schon _____ (2 Jahre) (2). Und dann organisieren wir auch jeden Monat einen Spiele-Flohmarkt. Das machen wir jetzt _____ (1 Jahr) (3).

Reporter: Ich habe gehört, ihr plant auch eine Tausch-Bibliothek.

Sonia: Die Tausch-Bibliothek gibt es schon! Wir haben sie _____ (1 Woche) (4). Komm, ich zeige sie dir!

7 **Wer sagt das? Ordne zu.**

a Oje, Daniel hat schon seit 15 Minuten keine SMS geschrieben. Er mag mich nicht mehr ...

b Es sind doch erst 15 Minuten. Mensch, Nina, du nervst!

Übersetze den Dialog. Wie sagt man *schon* und *erst* in deiner Sprache?

8 Ergänze *schon* oder *erst*.

1. ◆ Seit wann seid ihr eigentlich in der Umwelt-AG?

   ▲ Marco ist __schon__ seit einem Jahr in der AG, aber ich _____ seit ein paar Monaten.

2. ● Hallo, ich bin auf dem Weg, wartet ihr schon lange?

   ▲ Ja, _____ seit einer halben Stunde. Wenn du nicht gleich kommst, gehen wir.

3. ■ Kennen sich Leon und Meike schon lange?

   ▲ Nein, _____ seit einem Monat, aber sie machen immer alles zusammen.

4. ◆ Lara, du telefonierst _____ seit einer Stunde. Mach endlich Schluss, du musst deine Hausaufgaben noch machen!

9 Ergänze die Satzteile mit *vor*, *nach* oder *seit*.

⊕

> Hi Ben,
>
> wie geht's? Hier ist alles super. Gestern habe ich mit Felix und den anderen zusammen gekocht und __nach dem Essen__ *(Essen)* (1) haben wir den ganzen Nachmittag Bowling gespielt. Hat total Spaß gemacht. Ich war auch endlich mal ein paar Tage in Leipzig bei meinem Cousin. Er studiert dort _____ *(2 Jahre)* (2) Kunst und kennt total interessante Leute. Es war echt cool.
>
> In der Schule haben wir gerade unsere Projekttage. Wir machen sie immer kurz _____ *(Sommerferien)* (3), wenn wir mit den Klassenarbeiten fertig sind.
>
> Wann kommst du denn mal wieder zu uns?? Du bist jetzt _____ *(1 Jahr)* (4) nicht mehr hier gewesen!
>
> Bis hoffentlich bald! Viele Grüße
>
> Alex

↓ NACH AUFGABE 6

10 Welches Verb passt? Verbinde.

1. einen Tee — ein Stück Kuchen — einen Stuhl   ⓐ aufstellen

2. den Klassenlehrer — die Eltern — die Teilnehmer   ⓑ anbieten

3. ein Zelt — ein Bücherregal — einen Schrank   ⓒ informieren

↓ NACH AUFGABE 7

11 Was passt? Ordne zu. Ergänze dann selbst noch passende Adjektive.

~~lockig~~ ✕ leise ✕ blond ✕ klug ✕ eng ✕ aufregend

Straße   *lockig* _____   Buch

Haar

12a Schau die Bilder an. Ergänze dann die Dialoge.

> Nein, was für ein Spiel ist das denn? ✖ Ja klar, was für einen Stift möchtest du? ✖
> Am liebsten schaue ich witzige Serien. ✖ Was für eine Torte ist das denn? ✖ Ein Kartenspiel.
> Das ist eine Vanilletorte. ✖ Was für Sendungen schaust du gern? ✖ Einen blauen Kuli.

◆ Kannst du mir einen Stift geben?

▲ *Ja klar, was für einen …*

◆ ....

● Kennt ihr das Spiel *Uno*®?

■ ....

● .... Ich spiele es total gern.

▼ Die Torte sieht ja total lecker aus. ....

....

● ....

■ ....

▲ ....

■ Ich auch. Mach mal den Fernseher an, gleich kommen *Die Simpsons*™.

● ....

b Unterstreiche in 12a *Was für ein- …?* und ergänze die Tabelle, wo nötig.

Frageartikel Was für ein-	
Nominativ	Akkusativ
Was für _ein_ Stift ist das?	Was für _____ Stift möchtest du?
Was für _____ Torte ist das?	Was für _eine_ Torte möchtest du?
Was für _____ Spiel ist das?	Was für _ein_ Spiel spielst du?
Was für _/_ Sendungen gefallen dir?	Was für _____ Sendungen schaust du gern?

13 Ergänze *Was für ein-* und verbinde.

1. ● *Was für* _____ Fotos sind das denn hier?
2. ● _____ Beruf möchtest du mal haben?
3. ● _____ Frisur findest du gut?
4. ● _____ Salat ist das?
5. ● _____ Fest feiert ihr denn?
6. ● _____ Projekte macht ihr?

a ◆ Eine lockige Frisur.
b ◆ Das ist ein italienischer Salat.
c ◆ Einen aufregenden Beruf.
d ◆ Viele Umwelt-Projekte.
e ◆ Ein Familienfest.
f ◆ Das sind Fotos von unserer neuen Kantine.

⊕ NACH AUFGABE 8 ▎

SCHREIBTRAINING

14 **Lies die Nachricht. Schreib dann eine kurze Antwort in dein Heft.**
Schreib zu allen Punkten ein bis zwei Sätze.

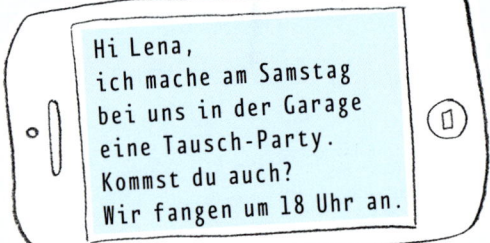

Hi Lena,
ich mache am Samstag
bei uns in der Garage
eine Tausch-Party.
Kommst du auch?
Wir fangen um 18 Uhr an.

1. Du bedankst dich.
2. Du möchtest
   Informationen
   zur Party.
3. Du möchtest die
   Adresse wissen.

Hallo Franziska,
…

GRAMMATIK

⊕ NACH AUFGABE 10 ▎

15a **Lies den Artikel und ergänze.**

| Vorschlag | × | ~~Upcycling~~ | × | Plastik | × | Material | × | Stoff |

Die Schülerzeitung Monat: Juni

PROJEKTTAGE DER KLASSE 9A

Wenn man <u>aus einem Hut</u>, den man eigentlich wegwerfen wollte, eine lustige
Lampe macht, oder aus einer Shampoo-Flasche ein Portemonnaie, nennt man das
_Upcycling_____ (1). Das haben die Schüler der Klasse 9a am ersten ihrer
drei Projekttage gelernt. Und dann konnten sie ausprobieren, was man mit Abfall
so alles machen kann.

Adrians und Marvins _____ (2) hat uns besonders gut gefallen: Sie haben aus einem Brett-Spiel
eine tolle Uhr gemacht. Aber auch Mona, Lena und Nadine hatten eine super Idee: Sie haben aus Pullovern
einen kleinen Teppich gemacht.

Eines ist sicher: So viel Spaß hatte die Klasse 9a schon lange nicht mehr und sie hat gelernt,
dass Müll ein tolles _____ (3) sein kann!

Bei den nächsten Projekttagen geht es dann weiter mit dem Thema: Taschen aus _____ (4) oder
aus _____ (5)? Was können wir noch für unsere Umwelt tun?

Tom Grabert / Nora Schwarz

b **Unterstreiche in 15a die Satzteile mit _aus_ wie im Beispiel. Ergänze dann die Tabelle.**

Präposition aus + Dativ		aus + Material	
aus _einem_	Hut		
aus _____	Spiel	_aus_	Plastik
aus _____	Flasche	_____	Stoff
aus _____	Pullover		

⚠ Bei Materialien
steht kein Artikel:
Der Stuhl ist aus Holz.

16 Aus welchem Material sind diese Sachen?
Ordne zu und schreib Sätze in dein Heft.

Papier × Glas × Holz × Plastik × Metall

(A) (B) 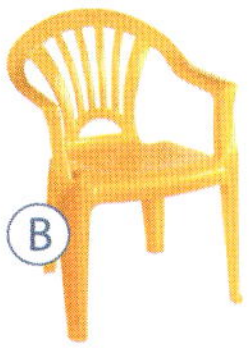 (C) 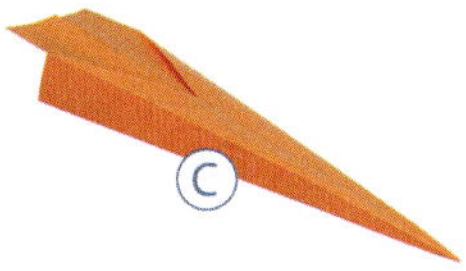 (D)

A. Der Tisch ist …
und …

17 Welche Upcycling-Ideen hatten Marcel und Charlotte? Schreib in dein Heft.

① Koffer ② T-Shirts ③ Badminton-schläger ④ Tüte ⑤ Surfbrett ⑥ Schal

Lampe Sitzsack Gürtel Sessel Portemonnaie Regal

1. Marcel und Charlotte haben aus einem Koffer einen Sessel gemacht.
2. Sie haben …

NACH AUFGABE 11 ▮

18 Was könnte man aus diesen Sachen machen? Schreib in dein Heft.

(A) (B)  (C)  (D)

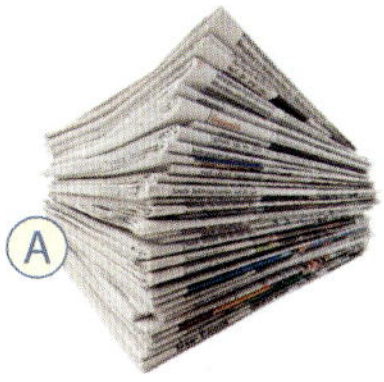

A. Aus den
Zeitungen
könnte man …

AUSSPRACHE

19 qu – pf: Hör zu und sprich nach.

25 🔊

| pf | → | **Pf**erd | Kop**f** | Kranken**pf**leger | schim**pf**en |
| qu [wie kw] | → | **Qu**atsch | be**qu**em | **Qu**iz | unbe**qu**em |

20 Hörst du pf, f oder p? Hör zu, sprich
nach und kreuze an.

26 🔊

	pf	f	p
1.	○	○	○
2.	○	○	○
3.	○	○	○
4.	○	○	○
5.	○	○	○
6.	○	○	○
7.	○	○	○
8.	○	○	○

21 Zungenbrecher:
Hör zu und sprich nach.

27 🔊

„Das ist kein
Quatsch!", schimpft
der Krankenpfleger.
„Kranke Pferde
brauchen Pflanzen
gegen Kopfschmerzen
und Schnupfen."

Das sind deine Wörter!

✂ weg|werfen (du wirfst weg, er/es/sie wirft weg, hat weggeworfen)	■ Hey Lena, dieser Stift schreibt nicht mehr! Soll ich ihn ~?
(der) Müll (nur Sg.)	Wir müssen weniger ~ produzieren, deshalb dürfen wir nicht alles wegwerfen.
der Abfall, ̈e	= Müll
der Projekttag, -e	● Vom 24. – 26. Juni haben wir ~ an unserer Schule.
die Umwelt (nur Sg.)	◆ Du darfst dein Handy nicht einfach wegwerfen. Das ist nicht gut für die ~.
der Umweltschutz (nur Sg.)  	▼ Das Thema unserer Projekttage heißt: ~, was können wir für die Umwelt tun?
✂ ab|geben (du gibst ab, er/es/sie gibt ab, hat abgegeben)	Beim Kleiderkreisel Köln kann man alte Kleidung ~.
tauschen	● Meine Hose ist zu klein ☹. ■ Dann geh doch zum Kleiderkreisel! Da kann man Kleidung ~: Du gibst deine Hose ab und nimmst eine andere mit.
passen	In das Regal im Bücherbus ~ 50 Bücher.
holen	■ Der Bücherbus ist toll. Da kann man sich einfach ein Buch ~ und es lesen.
sparen	Leon kauft keine Bücher. Er holt sie aus der Bibliothek. So kann er viel Geld ~.
die Dose, -n 	
leer	▼ Ist noch Cola in der Dose? ◆ Nein, die Dose ist ~.
der Zeitungsständer, - 	
nützlich	Alte Sachen können sehr ~ sein: Man kann zum Beispiel aus leeren Dosen einen Zeitungsständer machen.
praktisch	◆ Der Zeitungsständer ist nicht groß. Das finde ich sehr ~, denn mein Zimmer ist so klein.
seit + *Dativ*	Den Kleiderkreisel in Köln gibt es ~ drei Jahren.
erst	● Gibt es den Kleiderkreisel in Berlin schon lange? ▲ Nein, ~ seit einer Woche.

Lern *erst* und *schon* zusammen:
◆ Ist es schon 5 Uhr? ● Nein, es ist erst 4 Uhr.

(die) Nase putzen 	
der Zirkus, -se	◆ Gehst du gern in den ~? ● Nein. Die Tiere tun mir so leid.

packen .... ▲ Ich fliege in vier Stunden nach Berlin und ich habe meinen Koffer noch nicht ~. *(Perfekt)* ■ Oh, dann musst du dich aber beeilen.

benutzen (du benutzt, hat benutzt) .... ♦ Mein Bruder ~ immer mein Handtuch. Ich mag das überhaupt nicht.

der Verwandte, -n / die Verwandte, -n .... Fabio war bei seinen ~ in Hamburg. Er hat seine Tante und seinen Onkel besucht.

was für ein/ein/eine/- .... ● ~ Buch hat Fabio mitgenommen? ◆ Einen spannenden Krimi.

die Kantine, -n .... In der Schule essen die Schüler in der ~.

✂ auf|stellen .... Tim möchte in der Kantine ein Bücherregal ~.

✂ an|bieten (hat angeboten) .... Tim möchte Bücher und Spiele ~.

🌐 informieren .... Tim und Fabio wollen die anderen Schüler über die Tausch-Aktion ~, deshalb schreiben sie einen Artikel für die Webseite.

die Information ⟶ informieren

aufregend .... Ich möchte später einen ~en Beruf haben, zum Beispiel Schauspieler.

klug .... ↔ dumm

leise .... ↔ laut

lockig .... ● Diese Frau hat ~e Haare.

studieren .... Sina ~ Physik an der Universität.

🌐 das Upcycling (nur Sg.) .... Beim ~ werden alte Sachen zu schönen neuen Sachen.

der Vorschlag, ⁻e .... Sina und Moritz stellen ihre ~ in ihrem Blog vor.

das Material, die Materialien ....

das Holz, ⁻er   🌐 das Metall, -e   das Plastik (nur Sg.)   der Stoff, -e

der Farbstift, -e .... Die ~ sind aus Holz.

der Badmintonschläger, - .... Moritz hat aus einem ~ einen Spiegel gemacht.

der Sitzsack, ⁻e ....

36 LEKTION

↓ NACH AUFGABE 1

1 **Was passt? Ergänze die Wörter.**

| Vortrag ✕ Stock ✕ Abitur ✕ ~~Achtung~~ ✕ Bücherei |

1. ■ Komm, wir gehen schnell über die Straße.
   ● _Achtung_____, da kommt ein Auto!
2. ◆ Sag mal, wann machen deutsche Schüler eigentlich das _____?
   ■ Ich glaube, nach 12 oder nach 13 Schuljahren.
3. ● Gehst du morgen zu dem _____ von Professor Wagner?
   ▲ Ja klar, Astronomie finde ich spannend.
4. ■ Sag mal, kannst du mir vielleicht das neue Buch von Wolfgang Herrndorf leihen?
   ◆ Nein, leider nicht, aber frag doch mal in der _____. Die ist im dritten _____.

↓ NACH AUFGABE 2

2 **Was sind die Leute von Beruf? Schreib in dein Heft.**

| Krankenpfleger/Krankenschwester ✕ Schriftsteller/Schriftstellerin ✕ Arzt/Ärztin ✕
~~Techniker/Technikerin~~ ✕ Schauspieler/Schauspielerin ✕ Sportler/Sportlerin ✕
Friseur/Friseurin ✕ Verkäufer/Verkäuferin ✕ Wissenschaftler/Wissenschaftlerin ✕
Ingenieur/Ingenieurin ✕ Architekt/Architektin ✕ Bäcker/Bäckerin |

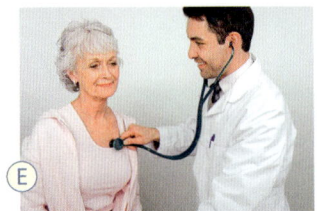   

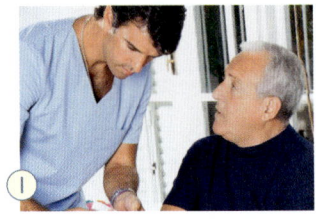   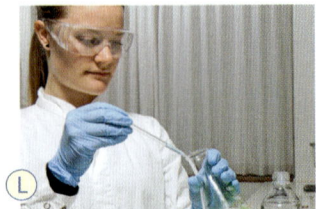

A. Er ist Techniker.   B. Er ist …

3a Passt das zu *Krankenhaus*, *Natur* oder *Erfolg*? Ordne die
Wörter zu und ergänze den Artikel, wo nötig.

Operation ✕ Karriere ✕ Garten ✕ Leistung ✕ Pflanze ✕ verletzt sein ✕
Baum ✕ Unfall ✕ Blume ✕ Goldmedaille ✕ Schmerzen ✕ berühmt sein

Krankenhaus	Natur	Erfolg
die Operation		

b Schreib zu jedem Thema einen Satz in dein Heft. Benutze Wörter aus 3a.

4 Was ist richtig? Lies die Forumsbeiträge und unterstreiche.

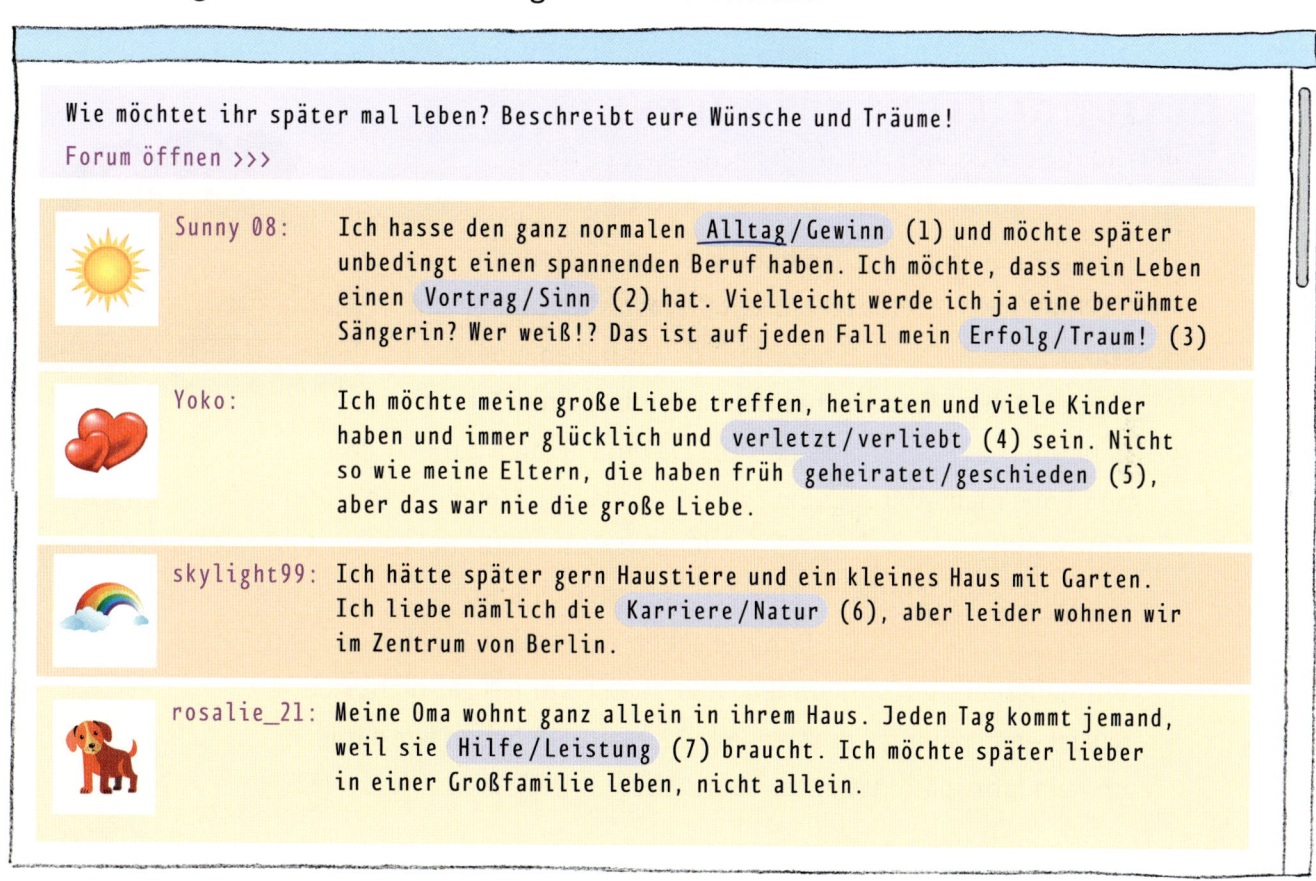

Wie möchtet ihr später mal leben? Beschreibt eure Wünsche und Träume!
Forum öffnen >>>

Sunny 08: Ich hasse den ganz normalen Alltag/Gewinn (1) und möchte später unbedingt einen spannenden Beruf haben. Ich möchte, dass mein Leben einen Vortrag/Sinn (2) hat. Vielleicht werde ich ja eine berühmte Sängerin? Wer weiß!? Das ist auf jeden Fall mein Erfolg/Traum! (3)

Yoko: Ich möchte meine große Liebe treffen, heiraten und viele Kinder haben und immer glücklich und verletzt/verliebt (4) sein. Nicht so wie meine Eltern, die haben früh geheiratet/geschieden (5), aber das war nie die große Liebe.

skylight99: Ich hätte später gern Haustiere und ein kleines Haus mit Garten. Ich liebe nämlich die Karriere/Natur (6), aber leider wohnen wir im Zentrum von Berlin.

rosalie_21: Meine Oma wohnt ganz allein in ihrem Haus. Jeden Tag kommt jemand, weil sie Hilfe/Leistung (7) braucht. Ich möchte später lieber in einer Großfamilie leben, nicht allein.

5 Schreib die Wörter richtig.

1. ■ Sag mal Tim, wer ist dieser Junge mit der Brille?
   ● Das ist Felix, unser neuer _____. (LERMITSCHÜ)
2. ◆ Warum willst du im Sommer Winterstiefel kaufen?
   Das verstehe ich nicht. Das macht doch keinen _____ (NINS)
3. ■ Guten Morgen, Tim! Wie hast du geschlafen?
   ● Gut! Ich hatte wirklich einen schönen _____! (TURAM)

6   **Was passt? Ordne zu.**

Ⓐ   Ⓑ   Ⓒ

1. ◯ Hier sind Max und Maxima noch total verliebt.   3. ◯ Und hier sind sie leider geschieden.

2. ◯ Hier sind sie seit zehn Jahren verheiratet.

7   **Lies den Artikel. Was passt? Ergänze.**

> gearbeitet ✗ geschieden ✗ geheiratet ✗ gelebt ✗ verliebt ✗ verheiratet ✗
> kennengelernt ✗ gemacht ✗ ~~studiert~~ ✗ gegangen ✗ geboren

JUNGE LEUTE ERZÄHLEN:

SO HABE ICH MEIN GLÜCK GEFUNDEN

Ich bin Lina Andresen, ich habe in Marburg Medizin

studiert (1) und bin seit drei Jahren mit meinem

Mann Tom _____ (2). Wir haben einen

kleinen Sohn, Mirko. Früher habe ich mit meinen Eltern

in Berlin _____ (3). Da bin ich auch zur Schule _____ (4)

und habe mein Abitur _____ (5). Meinen Mann Tom habe ich an der

Universität _____ (6). Plötzlich war er neben mir und wollte wissen, wo

der Vortrag von Professor Kleinert stattfindet. Tom hat in Hamburg als Wissenschaftler

_____ (7). Er hatte schon eine kleine Tochter und war _____ (8).

Wir haben uns gut verstanden, aber zuerst war ich gar nicht richtig _____ (9),

das ist erst später gekommen. Am 22. Mai 2012 haben wir dann _____ (10)

und ein Jahr später ist unser Sohn Mirko _____ (11).

NACH AUFGABE 3

8   **Welche Jahreszahl ist richtig? Kreuze an.**

> Wie sagst du _1977_ und _2086_ in deiner Sprache?

1. zweitausendachtundsechzig   ◯ 2086   ◯ 2860   ◯ 2068

2. neunzehnhundertsiebenundsechzig   ◯ 1977   ◯ 1967   ◯ 1976

3. zweitausendeinunddreißig   ◯ 2013   ◯ 3130   ◯ 2031

4. achtzehnhundertneunundachtzig   ◯ 1889   ◯ 1898   ◯ 1899

9 Schreib die Jahreszahlen als Wörter.

1. 1956: _____
2. 2032: _____
3. 1794: _____
4. Wann bist du geboren? _____
5. Wann bist du in die Schule gekommen? _____
6. Bis wann musst du noch in die Schule gehen? _____

10 Lies das Interview und ergänze.

◆ Guten Tag! Ich habe ein paar Fragen an Sie.
  Wie (1) ist bitte Ihr Name?
■ Florian Heller.
◆ _____ (2) und _____ (3) sind
  Sie geboren? ■ 1978 in Duisburg.
◆ _____ (4) wohnen Sie jetzt, Herr Heller?
■ In Leipzig.
◆ Und _____ (5) leben Sie schon in
  Leipzig? ■ Seit 2009.

◆ _____ (6) sind Sie von Beruf, Herr Heller?
■ Ich bin Schriftsteller.
◆ Und _____ (7) haben Sie studiert?
■ Deutsch und Geschichte.
◆ Aha. _____ (8) ist denn Ihr
  erster Roman erschienen?
■ 2007.
◆ Herr Heller, _____ (9) schreiben Sie?
■ Weil ich Geschichten liebe!

11 Deine Freundin / Dein Freund hat eine Reise gemacht. Du möchtest alles wissen.
⊕ Ergänze die Fragen und überleg dir Antworten. Schreib in dein Heft.

| ~~wohin~~ × wann × wie lange × mit wem × wo |

1. ● Wohin bist du gefahren ?
   ◆ Ich bin nach …

↓ NACH AUFGABE 4 |

GRAMMATIK

12a Eine neue Mitschülerin. Ergänze die Fragen.

| Mit welchen Mitschülern × Aus welcher Stadt × Über welchen Lehrer ×
Für welches Fach × In welche Klasse × ~~Aus welchem Land~~ |

1. _Aus welchem Land_ _____ kommst du?
2. _____ kommst du?
3. _____ gehst du?
4. _Mit_ _____ sprichst du am liebsten?
5. _____ interessierst du dich am meisten?
6. _____ weißt du schon etwas?

b Lies die Fragen in 12a noch einmal und unterstreiche die Präposition und die Endung
von welch-. Ergänze dann die Tabelle.

Präposition + Frageartikel welch-		
Präposition + Akkusativ		Präposition + Dativ
_____ welch_____ Lehrer weißt du etwas?		_Aus_ welch_em_ Land kommst du?
_____ welch_____ Fach interessierst du dich?		_____ welch_____ Stadt kommst du?
_____ welch_____ Klasse gehst du?		_____ welch_____ Mitschülern sprichst du am liebsten?

13 So viele Fragen! Ergänze die Endung.

◆ Du, sag mal,

... mit welch............... (1) Freunden gehst du am liebsten ins Kino?

... in welch............... (2) Kino gehst du meistens?

... über welch............... (3) Film hast du schon etwas gelesen?

... für welch............... (4) Film interessierst du dich am meisten?

⊙ NACH AUFGABE 5

SCHREIBTRAINING

14a Lies das Porträt und ergänze den Steckbrief.

Porträt: Manuel Neuer

Mein Lieblingsfußballspieler ist Manuel Neuer. Er ist Torwart in der deutschen Nationalmannschaft und seit 2005 Fußballprofi. Manuel hat einen Bruder und ist 1986 in Gelsenkirchen geboren. Er ist nicht verheiratet.

Von 1991 bis 2011 hat Manuel beim FC Schalke 04 gespielt. Seit 2011 spielt er beim FC Bayern München. 2013 war die Mannschaft Deutscher Meister. Neuers größter Erfolg war die Weltmeisterschaft 2014 in Brasilien. Da ist er zusammen mit der deutschen Nationalmannschaft Weltmeister geworden. Eine tolle Leistung!

Mit seiner Stiftung „Manuel Neuer Kids Foundation" hilft er Kindern aus Familien mit wenig Geld. Ich finde, er ist ein sympathischer Mensch und ein toller Sportler!

Steckbrief

Name?

....

Wann und wo geboren?

....

Familie?

....

Beruf?

....

Erfolge?

....

Warum interessant?

....

....

b Lies noch einmal deine Fragen im Kursbuch (S. 54, Aufgabe 5) und schreib dann ein Porträt über diese Person wie in 14a.

Sammle zuerst Informationen: Recherchiere im Internet oder stell der Person Fragen. Ordne dann die Informationen: Du kannst zum Beispiel zuerst einen Steckbrief wie in 14a und dann erst den Text schreiben.

NACH AUFGABE 6

15 **Was passt nicht? Streiche durch.**

1. Ich bin oft nach New York ... geflogen — gefahren — gelebt — gereist
2. Er möchte gern diese Fremdsprache ... lernen — sprechen — sagen — verstehen
3. Sie hat bis 2013 in Dresden ... gelebt — gereist — gearbeitet — gewohnt
4. Die Lehrer waren ... viel strenger als heute. früher — damals — sofort — gestern

AUSSPRACHE

16 **mst – nst: Hör zu und sprich nach.**

28

| mst → | Samstag | am wärmsten | du nimmst | du kommst | am bequemsten |
| nst → | Dienstag | du lernst | am kleinsten | am schönsten | du weinst |

17a **Ergänze. Sprecht dann zu zweit.**

1. ich komme — du _kommst_
2. ich lerne — du _____
3. ich weine — du _____
4. ich nehme — du _____
5. ich räume auf — du _____

6. warm — wärmer — am _wärmsten_
7. klein — kleiner — am _____
8. schön — schöner — am _____
9. dumm — dümmer — am _____
10. modern — moderner — am _____

b **Hört dann zu und sprecht nach.**

29

18a **Hör zu und sprich nach. Spielt dann den Dialog.**

30

▲ Wie findest du diese Stiefel? Die da sind am schönsten, oder? Was meinst du?

● Ja, die sind am modernsten, aber nicht am wärmsten und bequemsten.

b **Schreibt zu zweit kleine Dialoge wie in 18a. Spielt dann die Dialoge.**

Das sind deine Wörter!

(die) Achtung (nur Sg.) .... ▲ ~! Eine Durchsage!

das Abitur (nur Sg.) .... = Prüfung am Ende vom Gymnasium

der Stock, die Stockwerke .... Der Raum 220 ist im zweiten ~.

der Vortrag, ⸚e .... ■ Frau Lechner hält einen ~ über ihre Reise nach Chile.
● Interessant! Da gehen wir hin, oder?

die Bücherei, -en .... = die Bibliothek

Berufe

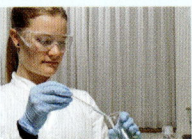

der Wissenschaftler, - / die Wissenschaftlerin, -nen

der Schriftsteller, - / die Schriftstellerin, -nen

der Sportler, - / die Sportlerin, -nen

der Musiker, - / die Musikerin, -nen

geboren sein .... Sebastian Dietz ~ 1985 ~.

der Autounfall, ⸚e .... = ein Unfall mit dem Auto

verletzt sein .... Der Mann hatte einen Autounfall. Er ~ schwer ~.

Erinnere dich an den Unterschied:
Der Mann *hat sich verletzt*. Jetzt *ist* er *verletzt*.

🌐 die Operation, -en ....

der Profi, -s .... Sebastian Schweinsteiger spielt sehr gut Fußball. Er ist ein Fußball~.

früher .... ~ wollte Sebastian Dietz Fußballprofi werden. Heute trainiert er Diskuswerfen.

der Traum, ⸚e .... Sebastian Dietz hatte einen Unfall. Jetzt ist sein ~ vom Fußballprofi zu Ende.

die Goldmedaille, -n ....

die Leistung, -en .... Der Sportler gewinnt eine Goldmedaille. Das ist eine tolle ~!

die Hilfe (nur Sg.) .... *helfen* → *die Hilfe*

der Alltag (nur Sg.) .... = tägliches Leben

der Sinn (nur Sg.) ....

◆ Warum kaufst du im Sommer Winterstiefel? Das macht doch keinen ~!

heiraten ....

● Meine Eltern haben sich 1993 kennengelernt und sie ~ 1997 ~ (Perfekt). 1999 bin ich geboren.

> Denk an den Unterschied
> *Meine Eltern* **haben** *1993* **geheiratet**. *Heute* **sind** *sie* **verheiratet**.

verliebt sein .... verheiratet sein .... geschieden sein ....

die Natur (nur Sg.) ....

■ Ich lebe nicht gern in der Stadt. Ich möchte lieber in der ~ wohnen.

die Pflanze, -n ....

◆ Ich liebe die Natur. Ich kenne alle ~ in unserem Garten.

die Naturwissenschaft, -en ....

Biologie und Chemie sind ~.

(die) Karriere, -n ....

▼ Welchen Beruf möchtest du einmal haben?
▲ Hm, also, ich möchte ~ als Biologin machen.

der Roman, -e ....

Wolfgang Herrndorf hat den ~ „Tschick" geschrieben.

der Mitschüler, - /
die Mitschülerin, -nen ....

● Ich habe 28 ~ in meiner Klasse.

damals ....

= früher

reisen ....

= eine Reise machen

die Fremdsprache, -n ....

■ Welche ~ lernst du in der Schule?
▼ Ich lerne Englisch und Spanisch.

Erinnerst du dich?
Die Schulfächer

> Erinnerst du dich an die Schulfächer? Welche Fächer sind Fremdsprachen und welche sind Naturwissenschaften?

Französisch 🇫🇷   Deutsch 🇩🇪   Englisch 🇬🇧
....

Mathematik   Informatik   Biologie   Physik
....

Kunst(erziehung)   Geschichte   Geografie   Religion / Ethik
....

Lesen

1 **Du bist im Jugendtreff Althausen und liest das Programm.**
Lies die Sätze 1–5 und den Text. Welcher Ort passt?

1. Du möchtest gern eine neue Sportart ausprobieren.

    ⓐ Großer Saal   ⓑ Garten   ⓒ anderer Ort

2. Du suchst ein Geschenk für deinen Bruder. Er liest gern.

    ⓐ 1. Stock   ⓑ Medienraum   ⓒ anderer Ort

3. Du möchtest gern richtig fotografieren lernen.

    ⓐ Medienraum   ⓑ Garten   ⓒ anderer Ort

4. Du hast bald Geburtstag und möchtest für deine Freunde etwas zu essen machen.

    ⓐ Garten   ⓑ 2. Stock   ⓒ anderer Ort

5. Du hast Lust, Musik zu hören und zu tanzen.

    ⓐ 1. Stock   ⓑ Großer Saal   ⓒ anderer Ort

> Unterstreiche zuerst in jedem Satz die wichtigen Informationen. Lies dann das Programm.

Tag der offenen Tür im Jugendtreff Althausen

11. Mai

Liebe Kids! Ihr kennt den Jugendtreff Althausen noch nicht?
Dann kommt am 11. Mai ab 14 Uhr vorbei und lernt uns kennen! Ihr könnt an allen Workshops teilnehmen oder auch einfach nur Leute treffen und Kicker oder Billiard spielen. Auch das Gartencafé und die Spielekonsolen sind für euch da. Alle Angebote sind kostenlos. Und abends wollen wir feiern!

1. Stock
14:00 Stadtteil-Quiz: Neuhausen gegen Althausen
15:00 Foto-Workshop
16:30 Monopoly®-Turnier

2. Stock
15:00 Nudelsalat? Nein danke! Leckere Party-Snacks selbst gemacht
16:30 Wir backen bunte Muffins: hübsch, schnell und super lecker!

Medienraum
15:30 Vortrag: 3-D-Modelle erstellen und ausdrucken
16:30 Web 2.0: Wir machen Tutorials und Fotostorys

Garten
ab 14 Uhr Gartencafé mit Kuchenbuffet
ab 14 Uhr Bücher- und Spiele-Flohmarkt
14:30 Erste Schritte auf der Slackline: Tipps vom Profi

Großer Saal
15:00 Karaoke-Wettbewerb mit Lilly
16:00 Modenschau: Mode selbst genäht!
17:00 Konzert mit der Jugendtreff-Band „Yellow"
ab 18 Uhr Mega-Dancefloor-Party mit DJ O'Hazel

Hören

2
31-34

Du hörst vier kurze Gespräche. Du hörst jeden Text zweimal. Was ist richtig? Kreuze an.

> Wichtig beim 1. Hören: Was ist das Thema? Welche Personen sprechen?

1. Wie ist das Wetter jetzt bei Tessa?

2. Bei welchem Projekt hat Jannis mitgemacht?

3. Welchen Beruf findet Charlotte interessant?

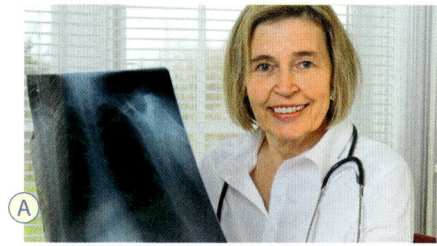  

4. Welche Frau meint das Mädchen?

Schreiben

3

Du wolltest mit einer Freundin / einem Freund ins Kino gehen. Du hast aber leider doch keine Zeit. Schreib ihr/ihm eine SMS. Schreib in dein Heft.

- Entschuldige dich, dass du nicht kommen kannst.
- Schreib, warum.
- Nenn einen neuen Treffpunkt und eine neue Uhrzeit.

Schreib 20–30 Wörter. Schreib zu allen drei Punkten.

Das kannst du jetzt!

Mach die Übungen. Schau dann auf S. 94 und kontrolliere.
Kreuze an: ☺ *Das kann ich sehr gut!* / ☺ *Das geht so.* / ☹ *Das muss ich noch üben.*

1 **Du antwortest auf Fragen deiner Austauschpartnerin / deines Austauschpartners.**

● Bei uns regnet es gerade und es ist kühl. Wie ist denn das Wetter bei euch?

■ ....

◆ Im Juni komme ich dich ja besuchen! Wie ist denn das Wetter bei euch im Juni?

▲ ....

Ich kann über das Wetter sprechen. ☺ ☺ ☹

2 **Für welches Hobby interessierst du dich? Mit welchem Thema beschäftigst du dich gern? Über welches Thema weißt du viel? Schreib drei Sätze.**

Ich interessiere mich für ...

....

Ich kann Interesse ausdrücken. ☺ ☺ ☹

3 **Was hat Tim wann wo gemacht?**

....

Montag:
bei Luisa frühstücken

Ich kann Zeit- und Ortsangaben machen. ☺ ☺ ☹

4 **Ein Bücherbus – was ist das? Was kann man da machen?**

....

Ich kann ein Projekt beschreiben. ☺ ☺ ☹

5 **Ergänze. Schreib Antworten und Fragen.**

1. ◆ Seit wann gehst du zur Schule?

 ● ....

2. ◆ Wie lange lernst du schon Deutsch?

 ● ....

3. ◆ Seit wann wohnst du hier?

 ● ....

4. ■ ....

 ▲ Seit einer Woche.

5. ■ ....

 ▲ Seit sieben Jahren.

6. ■ ....

 ▲ Seit einem halben Jahr.

Ich kann einen Zeitpunkt oder Zeitraum angeben. ☺ ☺ ☹

Kursbuch, Lektion 28, Aufgabe 6

 A

Wie finden die Personen die Gegenstände? Sprich mit deiner Partnerin / deinem Partner und ergänze die Tabelle.

A: Wie findet Sofie das Portemonnaie?

B: Es gefällt ihr gar nicht.

☺ ☺
☺   sehr gut
☹   ganz gut
☹ ☹   nicht so besonders
    gar nicht

	Sofie	Anna und Luisa	Tim	Jonas
das Portemonnaie		☺ ☺	☹	
der Rucksack	☺	☹		☺
das Moped	☺		☺ ☺	
die Schuhe		☺		☹ ☹
die Kamera			☺ ☺	
die Ohrringe	☹ ☹			☺ ☺

Kursbuch, Lektion 30, Aufgabe 3

A Lies die Texte von A laut vor. Deine Partnerin / Dein Partner liest die Texte von B vor.
Ergänze die fehlenden Wörter.

Jonas' Song

A

Ich gehe noch zur Schule und das ist mein Problem.
Wisst ihr, was ich meine und könnt ihr das versteh'n?
Ich muss die neunte Klasse schaffen, das ist echt kein Spiel.
Und ein Jahr hab ich noch – das ist für mich zu viel!

A

Du bist genervt, du fühlst dich cool, willst deine Wege geh'n.
Doch „weißt du nichts, dann bist du nichts", das musst du auch mal seh'n!
B
Du bist doch nicht alleine, Mann! Wir sind ja auch noch ....!
.... schaffen wir das leicht, das ist doch sonnenklar!

B

Ich hass' die blöde Schule und ich sag euch auch, ...
Goethe lesen, Aufsatz schreiben – das find' ich so dumm!
Die stundenlangen Hausaufgaben nerven mich ....
Jeden Morgen aufstehen – ich hab ja keine Wahl!

A + B
Du bist …

A

Und morgen hab ich wieder den doofen Unterricht,
Mist, ich glaube wirklich, morgen schaffe ich es nicht!
B

Ich lieb' die großen Ferien, doch die sind schnell vorbei!
Bis Juli ist noch Schule – und jetzt ist ja erst ....

A + B
Du bist …

Hört den Song noch einmal (Audio-CD zum Kursbuch, Track 06).
Lest und sprecht mit (Gruppe A und Gruppe B).

Kursbuch, Lektion 28, Aufgabe 6

B

**Wie finden die Personen die Gegenstände?
Sprich mit deiner Partnerin / deinem Partner
und ergänze die Tabelle.**

B: Wie findet Tim das Portemonnaie?
A: Es gefällt ihm nicht so besonders.

☺ ☺   sehr gut
☺   ganz gut
☹   nicht so besonders
☹ ☹   gar nicht

	Sofie	Anna und Luisa	Tim	Jonas
das Portemonnaie 	☹ ☹			☺
der Rucksack 			☺ ☺	
das Moped 		☺		☺ ☺
die Schuhe 	☺ ☺		☹	
die Kamera 	☹ ☹	☺ ☺		☹
die Ohrringe 		☺	☹	

Kursbuch, Lektion 30, Aufgabe 3

B **Lies die Texte von B laut vor. Deine Partnerin / Dein Partner liest die Texte von A vor.
Ergänze die fehlenden Wörter.**

Jonas' Song

A

Ich gehe noch zur Schule und das ist mein ....
Wisst ihr, was ich meine und könnt ihr das versteh'n?
Ich muss die neunte Klasse schaffen, das ist echt kein Spiel.
Und ein Jahr hab ich noch – das ist für mich zu ....

A

Du bist genervt, du fühlst dich ...., willst deine Wege geh'n.
Doch „weißt du nichts, dann .... du nichts", das musst du auch mal seh'n!

B

Du bist doch nicht alleine, Mann! Wir sind ja auch noch da!
Zusammen schaffen wir das leicht, das ist doch sonnenklar!

B

Ich hass' die blöde Schule und ich sag euch auch, warum.
Goethe lesen, Aufsatz schreiben – das find' ich so dumm!
Die stundenlangen Hausaufgaben nerven mich total.
Jeden Morgen aufstehen – ich hab ja keine Wahl!

A + B

Du bist …

A

Und morgen hab ich wieder den doofen Unterricht,
Mist, ich glaube wirklich, morgen schaffe ich es .... !

B

Ich lieb' die großen Ferien, doch die sind schnell vorbei!
Bis Juli ist noch Schule – und jetzt ist ja erst Mai.

A + B

Du bist …

**Hört den Song noch einmal (Audio-CD zum Kursbuch, Track 06).
Lest und sprecht mit (Gruppe A und Gruppe B).**

Unregelmäßige Verben

Infinitiv	Präsens *er/es/sie*	Perfekt *er/es/sie*
ab|schließen	schließt ab	hat abgeschlossen
an|bieten	bietet an	hat angeboten
an|fangen	fängt an	hat angefangen
an|rufen	ruft an	hat angerufen
an|ziehen	zieht an	hat angezogen
backen	bäckt/backt	hat gebacken
behalten	behält	hat behalten
bekommen	bekommt	hat bekommen
bieten	bietet	hat geboten
bleiben	bleibt	ist geblieben
bringen	bringt	hat gebracht
denken	denkt	hat gedacht
dürfen	darf	hat gedurft/dürfen
ein|laden	lädt ein	hat eingeladen
essen	isst	hat gegessen
fahren	fährt	ist gefahren
finden	findet	hat gefunden
fliegen	fliegt	ist geflogen
geben	gibt	hat gegeben
gefallen	gefällt	hat gefallen
gehen	geht	ist gegangen
gewinnen	gewinnt	hat gewonnen
haben	hat	hat gehabt
hängen	hängt	hat gehangen
heißen	heißt	hat geheißen
helfen	hilft	hat geholfen
herunter|laden	lädt herunter	hat heruntergeladen
kennen	kennt	hat gekannt
kommen	kommt	ist gekommen
können	kann	hat gekonnt
laufen	läuft	ist gelaufen
leihen	leiht	hat geliehen
lesen	liest	hat gelesen
liegen	liegt	hat/ist* gelegen
mögen	mag	hat gemocht
müssen	muss	hat gemusst

* Variante in Süddeutschland, Österreich und der Schweiz

Wie heißt das Verb in deiner Sprache?

Unregelmäßige Verben

Infinitiv	Präsens *er/es/sie*	Perfekt *er/es/sie*
nehmen	nimmt	hat genommen
raten	rät	hat geraten
reiten	reitet	hat/ist* geritten
scheinen	scheint	hat geschienen
schießen	schießt	hat geschossen
schlafen	schläft	hat geschlafen
schneiden	schneidet	hat geschnitten
schreiben	schreibt	hat geschrieben
schwimmen	schwimmt	ist geschwommen
sehen	sieht	hat gesehen
sein	ist	ist gewesen
singen	singt	hat gesungen
sitzen	sitzt	hat gesessen
springen	springt	ist gesprungen
sprechen	spricht	hat gesprochen
sollen	soll	hat gesollt/sollen
stehen	steht	hat/ist* gestanden
stehlen	stiehlt	hat gestohlen
streiten	streitet	hat gestritten
tragen	trägt	hat getragen
treffen	trifft	hat getroffen
trinken	trinkt	hat getrunken
tun	tut	hat getan
um|steigen	steigt um	ist umgestiegen
um|ziehen	zieht um	ist umgezogen
vergessen	vergisst	hat vergessen
verlieren	verliert	hat verloren
verstehen	versteht	hat verstanden
vor|schlagen	schlägt vor	hat vorgeschlagen
werden	wird	ist geworden
werfen	wirft	hat geworfen
wiegen	wiegt	hat gewogen
wissen	weiß	hat gewusst
wollen	will	hat gewollt

* Variante in Süddeutschland, Österreich und der Schweiz

Wie heißt das Verb in deiner Sprache?

Aussprache-Tabelle

Aussprache-Variante 1				Aussprache-Variante 2		
Buchstaben		*Laute*	*Beispiele*	*Buchstaben*	*Laute*	*Beispiele*
a	a • aa • ah	[aː]	Abend • Haar • fahren	ạ	[a]	wạnn, lạng, wạs
	ä • äh	[ɛː]	spät, Mädchen • erzählen	ä	[ɛ]	März, Ärztin, Städte
	ai	[aɪ]	Mai			
	au	[au]	kaufen, Frau, laufen			
	äu	[ɔy]	aufräumen			
b	b • bb	[b]	bitte, bleiben • Hobby	-b	[p]	Klub, ab|fahren, ab|holen
c	c • ck	[k]	Computer • Block, Hockey			
	ch	[ç]	ich, möchte, Bücher, nächster	ch	[x]	Ach!, auch, kochen, acht
	-chs	[ks]	sechs			
d	d	[d]	Dank, Stunde, hundert, Ende	-d • dt	[t]	Fahrrad, bald • Stadt
e	e • ee • eh	[eː]	Februar • Tee • sehr, zehn	ẹ	[ɛ]	gẹrn, Schwẹster, lẹrnen
	-e • -en	[ə]	bitte • hören			
	ei	[aɪ]	Freitag, Reis, klein			
	eu	[ɔy]	heute, Deutsch, neu			
f	f • ff	[f]	kaufen, fahren • Schiff, treffen			
g	g • gg	[g]	Geld, Tage • Reggae	-g	[k]	Tag, Mittag|essen
	-ig	[ɪç]	richtig, zwanzig, fertig			
h	h	[h]	heute, Heft, ab|holen	-h-	—	sehen, ruhig
i	i • ie	[iː]	Kino, ihr • spielen, lieben	ị	[ɪ]	ịch, Kịnderzimmer
j	j	[j]	ja, Junge, Jacke	j	[dʒ]	Jeans
k	k	[k]	Kaffee, kalt, Katze			
l	l • ll	[l]	lesen • allein, toll, alle			
m	m • mm	[m]	Musik, Name • kommen, sammeln			
n	n • nn	[n]	neu, man • können			
	ng	[ŋ]	singen, Wohnung	nk	[ŋk]	Dank, trinken, Treffpunkt
o	o • oo • oh	[oː]	schon • doof • wohnen, ohne	ọ	[ɔ]	kọchen, Sọnntag
	ö	[øː]	mögen, hören	ö	[œ]	können, möchten, zwölf
p	p • pp	[p]	Prinzessin, April • Suppe	ph	[f]	Physik
q	qu	[kv]	Quiz, Quatsch			
r	r • rr	[r]	Reis • April, Gitarre	r	[ɐ]	aber, klettern
s	s • ss • ß	[s]	das • Wasser • weiß, Großeltern	s	[z]	Samstag, Musik
	sch • s(p) • s(t)	[ʃ]	schreiben • sprechen • stehen			
t	t • tt	[t]	Tante • Surfbrett			
	tz	[ts]	Spitzer, Katze, Platz	tion	[ts]	Information, international
u	u • uh	[uː]	Musik • Uhr	ụ	[ʊ]	mụss, Mụtter
	ü • üh	[yː]	Tüte • Frühling, Frühstück	ü	[ʏ]	München, Glück
v	v	[f]	vier, Vater, viel	v	[v]	Volleyball, November
w	w	[v]	wer, wenig			
x	x	[ks]	Saxofon, Text			
y	y	[ʏ]	Ägypten	y	[i]	Handy
z	z • zz	[ts]	Zeit, zehn • Pizza			

Lösungen

Das kannst du jetzt – Modul 10, S. 32

Mögliche Lösungen:

1 Entschuldigung, gehört Ihnen die Tüte? / Entschuldigung, Sie haben Ihre Tüte vergessen. / Entschuldigung, ist das Ihre Tüte?

2a Entschuldigung, ich kann leider nicht kommen. Tut mir wirklich leid.

b ☺ Kein Problem! / Das macht doch nichts. / Schon okay.
☹ Das finde ich nicht so toll..

3 ◆ Können wir bitte bestellen? Ich hätte gern ein Stück Kuchen und eine Cola.
▲ Und ich hätte gern zwei Kugeln Eis: Vanille und Schokolade.

4 Mach doch ein Praktikum beim Radio! Du kannst ja mal anrufen oder eine Bewerbung schreiben.

5 Erzähl doch mal!

6 Meistens waren die Kinder sehr nett und Paul hat mit ihnen gespielt. Manchmal durfte er mit den Kindern Musik machen. Manchmal musste er sehr früh aufstehen. Eigentlich war er sehr zufrieden mit seinem Praktikum.

Das kannst du jetzt – Modul 11, S. 59

Mögliche Lösungen:

1 Er hat Fieber: Wenn du Fieber hast, dann musst du im Bett bleiben.
Er versteht Mathe nicht: Wenn du Mathe nicht verstehst, dann kann ich dir helfen.

2 Das tut mir so leid! / So ein Pech! / Sei doch nicht traurig.

3 Ich hätte gern ein neues Fahrrad. / Ich möchte gern einen modernen Computer.

4 Wir könnten ein Picknick machen. / Wir könnten ins Schwimmbad gehen. / Wir könnten einen Ausflug machen.

5a Könnte ich bitte mit meinen Eltern skypen? / Könnte ich bitte einen Stadtplan haben? / Könnte ich vielleicht ein Glas Wasser haben?

b Wie bitte? Entschuldigung, du sprichst so schnell. Kannst du bitte langsam und deutlich sprechen? / Tut mir leid, ich verstehe dich nicht.

Das kannst du jetzt – Modul 12, S. 86

Mögliche Lösungen:

1 ■ Es sind Wolken am Himmel und es ist windig.
▲ Im Juni ist es warm und die Sonne scheint.

2 Ich interessiere mich für Musik. / Ich weiß viel über deutsche Musik. / Ich beschäftige mich mit Biologie.

3 Tim hat am Sonntag bei Luisa gefrühstückt.

4 Ein Bücherbus ist ein Bus mit einem Bücherregal. Man kann im Bus lesen und Bücher mit nach Hause nehmen.

5 1. ◆ Seit wann gehst du zur Schule?
● Seit sieben Jahren.
2. ◆ Wie lange lernst du schon Deutsch?
● Seit zwei Jahren.
3. ◆ Seit wann wohnst du hier?
● Seit 2010.
4. ■ Seit wann gibt es den Bücherbus?
▲ Seit einer Woche.
5. ■ Seit wann gibt es den Tausch-Flohmarkt?
▲ Seit sieben Jahren.
6. ■ Seit wann gibt es den Bastel-Blog?
▲ Seit einem halben Jahr.

Quellenverzeichnis

Cover: © Hueber Verlag/Bernhard Haselbeck
Seite 3: Weltkugel © fotolia/ag visuell
Seite 6: A © Thinkstock/iStock/hjalmeida; B © Thinkstock/Goodshoot;
C © Thinkstock/iStock/dnberty
Seite 7: links © Thinkstock/iStock/gkrphoto; A © fotolia/siwi1; B ©
Thinkstock/Stockbyte; C © Thinkstock/iStock/goce; D © Thinkstock/
iStock/KhaoYaiBoy
Seite 12: Weltkugel © fotolia/ag visuell; Turm © PantherMedia
Seite 13: Weltkugel © fotolia/ag visuell
Seite 14: Eis © Thinkstock/iStock/Thomas Perkins; Eiskaffee © Think-
stock/iStock/jocic
Seite 15: © Thinkstock/iStock/CandyBoxImages
Seite 16: © Thinkstock/iStock/shelma1
Seite 17: Ü10: 1 © iStockphoto/kariiika; 2 © Thinkstock/iStock/
dziewul; 3 © Thinkstock/iStock/Fodor90; 4 © Thinkstock/iStock/
jamesjames2541; 5 © Shotshop.com/Heike Brauer; Ü11a © Thinkstock/
Polka Dot/Polka Dot Image; Ü12: © Thinkstock/iStock
Seite 18: Ü15 © Thinkstock/Fuse
Seite 20: © iStockphoto/redmal
Seite 21: Mütze, Sweatshirt © kickz.com; Schal © Thinkstock/iStock/
belchonock; Gürtel © Thinkstock/iStock/gongzstudio; Leggings
© fotolia/Liaurinko; Stiefel © Thinkstock/iStock/ronstik; Weltkugel
© fotolia/ag visuell; kariert © Thinkstock/iStock/jamesjames2541;
bunt © Shotshop.com/Heike Brauer; gestreift © iStockphoto/kariiika
Seite 23: Ü4: oben © Thinkstock/Stockbyte/altrendo images;
1 © fotolia/Richard Villalon; 2 © Thinkstock/iStock/gemenacom;
3 © fotolia/PhotoArt by Kathy; 4 © Thinkstock/iStock/Fodor90;
5 © Thinkstock/iStock/khvost; 6 © Thinkstock/iStock/iJacky;
7 © Thinkstock/iStock/Lalouetto; 8 © Thinkstock/Hermera/Evgeniy
Pavlenko; 9 © Thinkstock/iStock/Bet_Noire; 10 © Thinkstock/iStock/
Digital Paws Inc.; 11 © Thinkstock/iStock/vblinov; 12 © iStockphoto;
Ü6 von oben: © Thinkstock/iStock/Baluchis; © Thinkstock/iStock/
ChrisGorgio; © Thinkstock/iStock/AlinaMD
Seite 25: A © Thinkstock/iStock/suttisukmek; B © Thinkstock/iStock/
Brian Jackson; C © fotolia/Monkey Business; D © Thinkstock/Fuse;
E © Thinkstock/Stockbyte/Thinkstock
Seite 26: © Thinkstock/iStock/Henri Ensio
Seite 28: Bäckerei © Thinkstock/iStock; Friseur © Thinkstock/
moodboard; Büro © Thinkstock/iStock/Teun van den Dries; Kinder
© Thinkstock/iStock/SerrNovik; Sport © iStockphoto/Anna
Bryukhanova
Seite 29: Weltkugel © fotolia/ag visuell; Informatiker, Ärztin © Think-
stock/iStock; Künstlerin © fotolia/Diego Cervo 2012; Politikerin, Model
© Thinkstock/Getty Images News; Architekt © Thinkstock/Goodshoot;
Hausmann, Tänzerin © Thinkstock/iStockphoto; Trainer © Think-
stock/Getty Images/Jupiterimages; Professor © iStockphoto/Viorika;
Schauspielerin © Thinkstock/Getty Images Entertainment; Lehrer
© fotolia/tiero; Koch © Thinkstock/Photos.com/Jupiterimages;
Sekretärin © Thinkstock/Hemera
Seite 30: © Thinkstock/Wavebreakmedia Ltd
Seite 31: Ü2a © Thinkstock/iStock/waeske; Ü3a © Thinkstock/iStock/
SoberP
Seite 32: Ü3 von oben: © Thinkstock/iStockphoto; © Thinkstock/
Hemera; © iStockphoto/redmal; Ü4 © Thinkstock/iStock/AlexRaths;
Ü6 © Hueber Verlag/Florian Bachmeier
Seite 37: © Thinkstock/Fuse
Seite 38: © Thinkstock/iStock/VioletaStoimenova
Seite 39: Top © fotolia/BEAUTYofLIFE; Wasserflasche © fotolia/Sean
M; Monatskarte © Hueber Verlag/Britta Meier; Schuhe © Thinkstock/
PhotoObjects.net/Hemera Technologies; Duschgel © Thinkstock/
iStock/Mustello; Handtuch © Thinkstock/Stockbyte; Weltkugel
© fotolia/ag visuell; Tabletten © Thinkstock/iStock/hatchapong
Seite 40: Weltkugel © fotolia/ag visuell; Müllcontainer © Thinkstock/
iStock/arogant
Seite 41: 1 © Thinkstock/iStock/sunstock; 2 © Thinkstock/iStock/Eric
Isselée; 3, 5, 6 © Thinkstock/iStock/GlobalP; 4 © Thinkstock/iStock/
Eric IsselTe

Seite 43: © iStockphoto/TomAF
Seite 44: © Thinkstock/iStock/yogesh_more
Seite 47: Weltkugel © fotolia/ag visuell; Joker © Thinkstock/iStock/
Jiripravda; Kobra © Thinkstock/iStock/sunstock; Möbel © Thinkstock/
Hemera/Paolo De santis
Seite 48: Weltkugel © fotolia/ag visuell; Boot © Thinkstock/
PhotoObjects.net/Hemera Technologies; Lautsprecher © Thinkstock/
iStock/mjbs; Lotto © Thinkstock/iStock/PeJo29; Bett © Thinkstock/
iStock/Andriy Bandurenko; Sessel © Thinkstock/iStock/Baloncici;
Teppich © Thinkstock/iStock/Matteo De Stefano; Stuhl © Thinkstock/
spoon/amanaimages; Spiegel © iStockphoto/catnap72; Sofa © iStock-
photo/stphillips; Tisch © Thinkstock/Hemera/Margo Harrison;
Schrank © iStockphoto/scibak; Kühlschrank © Thinkstock/iStock-
photo/Al Parrish; Regal © Thinkstock/iStockphoto
Seite 49: A © Thinkstock/Fuse; B © Thinkstock/iStock/Horsche;
C © Thinkstock/Wavebreakmedia Ltd; D © Thinkstock/Photodisc/
Digital Vision
Seite 50: Pikto © fotolia/artcop; A, C © Thinkstock/iStock; B ©
Thinkstock/Hemera/Roxana Gonzalez; D © Thinkstock/Stockbyte/
George Doyle; E © Thinkstock/TongRo Images; F © Thinkstock/
Wavebreakmedia Ltd
Seite 52: von links: © Thinkstock/Ingram Publishing; © iStockphoto;
2 x © iStockphoto/sumnersgraphicsinc; © fotolia/bildidee.net
Seite 55: Frisbee © Thinkstock/iStock/Judi Parkinson; Decke
© Thinkstock/iStock/Aeshna21; Weltkugel © fotolia/ag visuell
Seite 56: See © iStockphoto/ronaldino3001; Picknick © Thinkstock/
iStock/Horsche; angeln © Thinkstock/Pixland; Decke © Thinkstock/
iStock/Aeshna21; schwimmen © Thinkstock/Fuse; Volleyball
© Thinkstock/iStock/omgimages; Wald © Thinkstock/Ingram
Publishing; Insel, Fluss © Thinkstock/iStockphoto; Meer © fotolia/
Andreas Fischer; Stadt © fotolia/peresanz
Seite 57: Klavier © fotolia/Irina Schmidt; Chor © Thinkstock/Fuse;
Konzert © Thinkstock/iStock/lucagavagna
Seite 58: © Thinkstock/iStock/omgimages
Seite 59: Ü2 © Thinkstock/iStock/Dejan Jovanovic; Ü3 © fotolia/
by-studio; Ü5b © Thinkstock/iStock/Vmelinda
Seite 62: Ü7: A - D © fotolia/Bastetamon; Kompass © Thinkstock/
iStock/Kreatiw; Karte © Digital Wisdom
Seite 66: Sonnenfinsternis © Thinkstock/iStock/julichka; Wetter,
Thermometer © fotolia/Bastetamon; Kompass © Thinkstock/iStock/
Kreatiw; Weltkugel © fotolia/ag visuell
Seite 67: Weltkugel © fotolia/ag visuell; Bus © fotolia/Olga D. van
de Veer; Straßenbahn © fotolia/Eric Gevaert; Zug © fotolia/Wolfgang
Jargstorff; Auto © PantherMedia/Jacek Tarczyński; U-Bahn
© Thinkstock/Hemera
Seite 68: © Thinkstock/liquidlibrary
Seite 69: © Thinkstock/iStock
Seite 70: © Thinkstock/iStock
Seite 72: Gruppe © Thinkstock/iStock; Brett-Spiel © fotolia/Elena
Schweitzer
Seite 73: Ü16: A, B, C © Thinkstock/iStock; D © Thinkstock/iStock/
hywit dimyadi; Ü18: A © fotolia/Gina Sanders; B, D © Thinkstock/
iStock; C © Thinkstock/Hemera
Seite 74: Umweltschutz © Thinkstock/iStock/yganko; Dose © Think-
stock/iStockphoto; Zeitungsständer © Hueber Verlag/Matthias Kraus;
Nase putzen © Thinkstock/Wavebreakmedia Ltd
Seite 75: Weltkugel © fotolia/ag visuell; lockig, Stifte © fotolia/
lu-photo; Badminton © fotolia/by-studio; Sitzsack © fotolia/
okinawakasawa
Seite 76: A © Thinkstock/iStock/AKodisinghe; B © Thinkstock/
Pixland/Jupiterimages; C © Thinkstock/Photodisc/Ryan McVay; D, E, K
© Thinkstock/moodboard; F © PantherMedia/Andres Rodriguez;
G © Thinkstock/iStock/Ikonoklast_Fotografie; H © Thinkstock/iStock/
Luca Francesco Giovanni Bertolli; I © Thinkstock/iStock/leaf;
J © Thinkstock/Getty Images Entertainment; L © Thinkstock/iStock/
Dasz

Quellenverzeichnis